LES BOUTIQUES DE PARIS

LA BOUTIQUE

DE LA

MARCHANDE DE POISSONS

Coulommiers. — Typ. de A. Moussin

LES BOUTIQUES DE PARIS

LA BOUTIQUE
DE
LA MARCHANDE
DE POISSONS

PAR

MARTIAL DEHERRYPON

PARIS
LIBRAIRIE DE L. HACHETTE & Cie
BOULEVARD SAINT-GERMAIN, N° 77

1867

LA BOUTIQUE

DE LA

MARCHANDE DE POISSONS

CHAPITRE PREMIER

LA BOUTIQUE ET LA MARCHANDE

— « J'aime les Halles; et ne fais aucune difficulté de vous le déclarer : j'aime le mouvement, le remue-ménage endiablé de tous ces gens qui, chaque matin, sont certainement les plus affairés de la terre. Voyez comme ils courent d'un côté, se hâtent de l'autre; se croisent, se heurtent, s'esquivent, s'apostrophent, se saluent; mais tout cela en courant, toujours courant. Point de longs discours : un mot, un cri, un geste, et voilà une affaire conclue. — « Combien? — Vingt francs. — Entendu! » — et l'on se dirige rapidement, chacun de son côté, vers d'autres affaires. — « Rien de nouveau? — Non; et à la marée? — Rien. — A tantôt! » — Et l'on poursuit sa course à travers un fouilli indescriptible de paniers, de mannes, de caisses; à travers une fourmilière de porteurs qui se croisent et s'interpellent; de vendeurs et d'acheteurs qui se crient, en passant, un mot, un chiffre; est-ce du français? est-ce du sanscrit? On file, on se faufile, heurté par celui-ci, bousculant celui-là : mais qui songe à s'excuser? personne n'est offensé : chacun travaille. A la bonne heure; c'est vivre cela!

« Une cloche se fait entendre; tout ce mouvement se ralentit; les clameurs deviennent des conversations; une heure s'écoule encore, et tout bruit cesse. A l'agitation fiévreuse des acheteurs en *gros*, vont succéder les transactions plus calmes de la vente au *détail* : chacun des acquéreurs à la criée rentre en lui-même; tout en procédant à l'étalage de sa marchandise, il suppute le résultat de son acquisition; il examine, avec plus de soin, les marchandises qu'il a achetées à la volée, et se prépare à attendre de pied ferme le client. — C'est un moment presque solennel; c'est aussi celui que je choisis pour visiter, en flâneur, cette exhibition gigantesque des richesses comestibles de la nature.

« J'aime surtout cet immense Pavillon de la Poissonnerie qui me représente un vaste « museum » renouvelé, chaque jour, par la plus pénible et la plus ignorée de toutes les industries. — J'aime à venir, de temps en temps, me promener dans ce bazar grandiose où sont accumulés les produits marins et fluviatiles les plus variés, les espèces les plus disparates; car j'y rencontre souvent, dans une flânerie utile, le délassement d'un travail ingrat ou aride;

et souvent aussi, le sujet d'une étude nouvelle ou d'une observation.

« Là, je trouve à apprendre, sans fatigue, des choses intéressantes à plus d'un titre ; ou bien, à me remémorer des choses oubliées, à l'aspect de tel ou tel objet qui frappe ma vue et dont la simple présence sur la table de marbre d'une boutique évoque, dans mon esprit, le souvenir d'une entreprise hardie ou d'une dramatique épopée.

« Mon imagination se complaît à y vagabonder, à interroger tous ces cadavres, à les ranimer, à les replacer dans leurs conditions d'existence, dans le milieu qui les a produits, et à suivre aussi l'ordre des idées et des faits par lesquels le génie et la volonté de l'homme ont passé, pour les amener là, sous mes yeux. Et alors, j'avoue ne plus comprendre les sentiments d'indifférence ou de dédain qu'on affecte, dans le monde, pour ceux qui, de près ou de loin, tiennent à une industrie qui nous aide à vivre, nous procure, au prix de mille dangers, soit l'apaisement de nos besoins, soit la simple satisfaction de nos penchants gastronomiques. »

Telles étaient les réflexions que j'adressais à quelques amis que le hasard me fit rencontrer un certain jour à la Halle : ces amis étaient de braves jeunes gens que j'avais connus dans une fête orphéonique du Midi de la France ; leur bonne humeur, la rondeur de leurs pensées et de leurs allures, n'avaient pas tardé à établir entre nous, pendant les relations éphémères d'un voyage, cette sympathie qui laisse de si bonnes traces dans le souvenir. Il m'avait été donné, dans les moments que nous avions passés ensemble, de constater en eux cette avidité de savoir et de connaître qui ne saurait être, chez le peuple, un ridicule désir de briller, mais bien la noble ambition, le besoin instinctif de sortir des vieilles ténèbres. Simples travailleurs, ils appartenaient, en un mot, à cette récente phalange de jeunes gens qui ont rompu avec les distractions malsaines et stupéfiantes de l'estaminet, et vont puiser, sur les bancs des classes d'adultes, les éléments d'instruction qui relèveront, — il était grand temps, — le niveau moral et intellectuel de notre nation.

Ils venaient de m'expliquer comme quoi, profitant du bon marché d'un « train de plaisir, » ils avaient pu, enfin, réaliser un ancien projet de visiter Paris et ses merveilles. Naturellement, la Halle figurait sur leur programme; elle occupait même une place fort honorable parmi les *monuments* qu'ils s'étaient promis de visiter; naturellement aussi, dans leur pensée, la Halle n'était qu'un intelligent et grandiose assemblage de colonnes, de fermes, etc., en fonte et en fer ; le tout couvrant une surface considérable, et agencé avec une entente parfaite des lois de l'hygiène, de la salubrité et de la circulation : ceci avait valu aux pauvres garçons la terminaison aigre-douce de la petite tirade qui commence ce chapitre.

Ils s'emparèrent de moi avec ce laisser-aller, cette liberté qui est le propre des bons cœurs, des natures ouvertes, et ils m'accablèrent de questions. De mon côté, je les fis parler, et je m'aperçus, comme je m'y attendais, qu'ils n'avaient rien ou fort peu appris de toutes ces grandes questions sociales qui devraient être, sinon profondément étudiées, du moins comprises par tous les membres de la famille humaine. Pour eux, par exemple, le poisson n'était autre chose qu'un animal souvent visqueux, développant promptement une odeur désagréable, et qui avait besoin, pour devenir intéressant, de passer par les mains habiles d'un cuisinier : la marchande était toujours cette classique *poissarde* de Vadé, hurlant à tout propos des turpitudes rimées à la diable : quant au pêcheur et à son industrie, quant au rôle que tous deux jouent dans le mécanisme de la société moderne, c'était pour eux lettre close.

— « Mes amis, leur dis-je, après m'être fait raisonnablement prier pour leur donner quelques éclaircissements sur toutes ces questions, mes amis, je ne demande pas mieux, puisque j'ai, comme vous, quelques heures à dépenser, que de vous les consacrer. Elles ne seront pas perdues; car j'espère vous démontrer, sans sortir d'ici, que vous devez avant tout vous défier de ces idées toutes faites qui courent le monde, sont accueillies et acceptées comme justes par quelques hommes d'élite, qui les propagent ensuite, soit au théâtre, soit dans la littérature, sans prendre la peine d'en contrôler la valeur et l'exactitude : en raison même de l'autorité de leurs écrits, ils contribuent bien plus que vous ne pouvez l'imaginer, à enraciner dans l'esprit du peuple, — terrain vierge qui s'assimile avidement toutes graines, — cette mauvaise herbe qu'on appelle « l'erreur » ; et qui ne produit qu'un triste fruit : « le préjugé. »

Lorsque vous les connaîtrez, vous cesserez, par exemple, de qualifier du terme devenu injurieux de « poissardes », ces femmes que nous avons sous les yeux; vous leur accorderez même toute votre sympathie, lorsque je vous aurai démontré qu'elles y ont tous les droits; car, prolétaires comme vous, elles vous ont devancés dans cette voie de transformation qui tend à relever, par l'instruction du peuple et son éducation plus surveillée, le rang de la France sur l'échelle du monde civilisé.

Ceci vous rend attentifs, vous fait dresser l'oreille, et vous paraissez douter un peu de la vérité de mes paroles; eh bien ! dans un instant vous causerez avec ces « poissardes », et vous verrez, mes amis, que ce n'est pas seulement des formes polies, un langage correct, que vous devez attendre de la conversation de la plupart d'entre elles; mais que vous pourriez y puiser de solides notions sur l'histoire des poissons, sur la technologie de leur pêche, sur leur commerce, et sur beaucoup d'autres choses dont vous n'avez aucune idée. Auparavant, il est nécessaire que je vous donne un aperçu du rôle important qu'elles jouent dans le grand mouvement commercial qui a pour origine la pêche et la vente de ses produits.

Le commerce exercé par nos marchandes de poissons a pour objet de mettre, d'une part, le producteur, c'est-à-dire le pêcheur, dans la possibilité d'écouler ses produits; et d'autre part, de rendre, par le ***détail***, ces produits accessibles pour tous ceux qui sont destinés à les consommer. Vous comprendrez facilement, et sans qu'il soit besoin de longs commentaires, qu'il ne saurait en être autrement; c'est surtout dans le cas spécial qui nous occupe, que l'on reconnaît l'erreur de ces utopistes qui voudraient que, toujours et quand même, le consommateur fût en rapport direct avec le producteur; que les intermédiaires, ces « parasites qui exploitent », disent-ils, la situation réciproque du vendeur et de l'acheteur, fussent radicalement supprimés. Demandez-leur donc de quelle façon ils s'y prendraient pour se procurer chez Jean, le pêcheur de Cancale, la douzaine d'huîtres qu'ils auraient instantanément la fantaisie de gober à leur déjeuner; chez Pierre, de Boulogne, chez Paul, de Dieppe, le merlan ou le morceau de raie qu'ils voudraient manger à leur dîner? — Ils vous répondront, peut-être, que le fait de la distance qui sépare le consommateur du producteur, implique l'obligation, de la part de ce dernier, d'établir un *dépôt* qui mettra ses produits à la portée du premier : mais l'administration de ce « dépôt » n'est-elle pas déjà une interposition déguisée, onéreuse entre les deux parties? et d'ailleurs, n'est-il pas superflu de dire que si un dépôt de toile, de houille, de vin de Bordeaux, est chose facile, un dépôt de poissons est une chose impossible. Moins que tout autre producteur, le pêcheur n'est apte à entrer en rapports directs avec le consommateur; tous deux doivent s'adresser à la marchande qui se charge, à ses risques et périls, moyennant un *salaire* qui est représenté par un bénéfice, de débarrasser le pêcheur de la question commerciale dont il ne saurait s'occuper en aucune façon; et de *détailler*, de diviser à l'infini ses produits de manière à les rendre accessibles aux plus modestes consommateurs. Evidemment, chacun trouve son compte dans cette organisation.

On entend fréquemment murmurer contre les *détaillants*, notamment contre les marchandes de poissons, et leur reprocher l'énormité de leurs profits; mais on ne voit pas que ces gros profits sont plutôt apparents que réels; que leur importance, d'ailleurs, doit toujours être en rapport avec le risque couru. Voici, par exemple, un turbot que, ce matin, la marchande a acheté dix francs à la criée; elle en demande quinze et n'en démord pas : vous vous indignez : — « C'est exorbitant, dites-vous, c'est un vol manifeste! — Mon cher Monsieur, vous répondra peut-être la marchande, en voici un autre que j'ai payé douze francs avant-hier; le voulez-vous pour huit? Attendez jusqu'à demain matin, vous l'aurez alors pour cinq; et ne craignez pas que je vous accuse, pour cela, de me voler d'une façon manifeste.»

La concurrence, cet organe essentiel de tout mécanisme commercial, fonctionne, du reste, à la halle comme partout ailleurs, et impose de justes limites aux profits de la marchande; elle sauvegarde aussi efficacement les intérêts du prolétaire qui achète un hareng pour son souper, que ceux du pêcheur qui en a vendu, le matin, vingt mille à la criée. — En d'autres termes, dans sa double fonction : d'*acheteur* le matin, et de *vendeur* le soir, la marchande ne saurait exercer une pression funeste sur le producteur des poissons et leur consommateur, parce que, dans les deux cas, elle serait aussitôt refoulée dans les limites des profits raisonnables, par l'ardente intervention de ses nombreuses concurrentes.

La marchande de poissons est donc, à tous les points de vue, un agent utile, indispensable : il est utile, parce qu'il représente l'anneau qui réunit les deux bouts extrêmes de cette chaîne merveilleuse de combinaisons, qui commence par le filet du pêcheur, et se termine (après avoir embrassé et vivifié une foule d'industries diverses), sous la forme d'une substance conservatrice de la vie, sur la table de l'ouvrier ou du patricien; il est indispensable, parce que nous ne pouvons remplacer le *détail* de la marchande, par des approvisionnements que la nature putrescible des poissons rend impraticables.

Jetons maintenant un regard sur l'histoire des anciennes « poissardes »; c'est le meilleur moyen d'apprécier, à sa valeur, notre moderne « Marchande de poissons. » — Il faut savoir ce que nous avons été, pour comprendre ce que nous sommes.

L'origine des poissardes se perd dans la nuit des temps; leur histoire ne date pas d'hier, elle remonte au contraire aux âges les plus reculés; car l'industrie de la Pêche ayant pour corrélatif nécessaire la vente de ses produits, il y a conséquemment, en France, des marchands de poissons depuis qu'il y a des pêcheurs; et ceux-ci existaient certainement fort longtemps avant Pharamond de problématique mémoire. Les chevaliers de la Table-Ronde ne sauraient, eux-mêmes, produire un arbre généalogique plus respectablement établi.

Il faut franchir d'un bond une longue suite de siècles, et arriver au règne de saint Louis pour trouver les traces certaines du rôle des marchands ou des marchandes de poissons dans l'alimentation de la bonne ville de Paris. Ce fut à cette époque qu'Estienne Boyleaux (*steph. Bibens aquam,* comme l'appelaient les hardis latinistes d'alors), prévost des marchands de Paris, établit les statuts de la « corporation des Poissonniers », et règlementa leurs charges et priviléges.

Parmi les charges, il en est une qu'il est bon de citer, ne fût-ce que pour rectifier, en passant, cette autre idée fausse que l'on se fait du « bon vieux temps » : à cette bienheureuse époque, le poisson d'eau douce était si bien considéré comme propriété royale, que, une fois pêché, tiré hors de « l'ieau », étalé dans la boutique du poissonnier, il était encore assujetti à des prélèvements qui alimentaient gratuitement les tables de Sa Majesté. — Les cuisiniers du Roy parcouraient les étalages, faisaient leur choix, et prenaient purement et simplement ce qui leur convenait ; c'est-à-dire le plus beau et le meilleur, comme vous devez bien le penser. Cette manière aussi simple qu'économique de se procurer les plus beaux poissons, n'obtenait pas, cela va sans dire, l'approbation des pauvres poissonniers. Aussi, l'arrivée des cuisiniers royaux était-elle guettée avec un soin tout particulier ; et lorsqu'on apercevait la bande pillarde, c'était à qui ferait, à l'insu de ses voisins, le plus lestement disparaître les belles pièces de l'étalage ; celui-ci dans quelque double fond de sa table ; celui-là sous ses vêtements ; cet autre sous un monceau d'ablettes et de goujons. L'escorte passait dédaigneusement devant ce fretin :

Du goujon! C'est bien là le dîner d'un héron !

Et elle s'abattait sur l'étalage de quelques pauvres diables moins adroits ou mieux observés par leurs confrères, faisant main-basse sur tout ce qui avait quelque valeur. Puis, lorsque après avoir raflé les poissons destinés à Sa Majesté et à ses convives, les cuisiniers royaux s'étaient éloignés; les gros brochets, les belles carpes, les barbillons sortaient de leurs cachettes et reparaissaient sur les tables des adroits prestigiditateurs, aux clameurs de tous les poissonniers qui n'avaient pas su échapper au pillage : tant il est vrai que, faute de mieux, l'humanité a, de tout temps, exigé l'égalité devant l'oppression.

Les poissonniers résolurent, en conséquence, d'égaliser entre eux les chances de la royale spoliation, en détruisant les moyens d'y échapper; et dans ce but, ils installèrent dans une rue située derrière le grand Châtelet, le long des murs de cette rue, et à raz du sol, des pierres plates sur lesquelles le poisson d'eau douce devait être étalé. Plus de table ni de double-fond ; le marchand devait, de plus, se tenir devant et non derrière son étalage; c'est-à-dire que chacun de ses gestes pouvait être contrôlé par ses voisins; — « et ce ont establi li poissonniers, pource « que quant li queu (les cuisiniers) le Roy vuloient « prendre poisson, que li poissonniers muchoient

« (cachaient) leur poisson, tant que li pris estoit « passez. »

Il est passé le bon vieux temps, et les habitudes ont bien changé : nos souverains actuels achètent et paient le poisson aussi cher, probablement plus cher que le commun des mortels ; et si « li queu l'Empereur » vont aujourd'hui à la Halle, je puis vous certifier que les dames de l'endroit se garderaient bien de « mucher » quoi que ce soit ; et elles ne s'en plaignent pas.

A cette même époque, le « mestier » de poissonnier, qui devait, comme tous les autres, être acheté soit au Roy, soit à un prédécesseur, contre bons écus « sonnants et trébuchants » ; ce métier, dis-je, ne pouvait être exercé que par des hommes ; il n'était fait d'exception que pour les veuves ou les filles aînées, et encore était-ce fort rare. Les femmes pouvaient également faire l'intérim de leurs maris, pendant que ceux-ci étaient en pèlerinage soit à Rome, soit à Saint-Jacques-de-Compostelle ; mais à part ces deux cas, de mort ou de pèlerinage, le « mestier » ne pouvait appartenir qu'à un poissonnier et non à une poissonnière. Nous voyons déjà poindre dans cette disposition du règlement, l'appréhension qu'éprouve Estienne Boyleaux de confier à des femmes le soin de débiter une denrée qui semblait avoir la singulière propriété d'engendrer, chez sa marchande, les plus impétueuses intempérances de langage. « Nus ne puet, dit-il, estre poissonnier, « qu'il ne soit preudon et loiaus, de *bonne conver-* « *sation* et de bonne vie. »

Il avait raison, ce digne prévost des marchands, car lorsque les femmes prirent, plus tard, possession de ce commerce, la « conversation » poissonnière devint de plus en plus colorée et agressive ; mais c'est sous la Régence que le langage des halles atteignit des proportions inouïes de verdeur. Vous connaissez les poésies poissardes de Vadé, qui furent, ainsi que leur auteur, très-recherchées par la haute société de la première partie du siècle passé. Elles mirent à la mode les vociférations rimées des dames de la halle; et celles-ci devinrent, pendant un moment, l'objet d'un engouement qui entraîna tout d'abord la classe la plus correcte, la plus élégante de notre nation.

Les poissardes jouissaient, sous l'ancienne monarchie, du privilége d'être reçues en corps par le roi et de le complimenter à genoux. C'est avec une certaine solennité que le souverain écoutait le compliment et y répondait; puis, l'usage voulait que la députation prît place à une table splendidement servie qui était présidée par un des grands officiers de la couronne. Elles avaient, en outre, le droit d'assister aux couches de la reine de France : vous voyez, mes amis, que ces dames ont leurs annales, elles aussi; comme les grandes familles patriciennes, elles sont inscrites au livre d'or.

N'oublions pas, du reste, que les excès de leur langage n'ont pas été sans utilité pour notre belle langue française dont nous sommes si fiers aujourd'hui. Dumarsais, dans son *Traité des tropes*, dit que l'on faisait plus de tropes en une matinée à la halle, qu'en dix ans à l'Académie. Ce sont, en partie, ces images vives et colorées qui, admises par l'usage, émondées de leurs formes triviales et choquantes, ont donné au français cette concision et cette netteté qui ne sont pas ses moindres mérites.

N'oublions pas également de reconnaître que, chez nos anciennes poissardes, le fond valait infiniment mieux que la surface : on rencontrait fréquemment en elles de vaillants cœurs, d'excellentes natures : une châtaigne savoureuse se cachait sous cette écorce hérissée ; mais quelle écorce ! Laissons-les ; elles n'existent plus ; elles ont fait leur temps. Elles ont eu le sort des ignobles échoppes dans lesquelles se débitaient quelques poissons et beaucoup d'injures : on a réformé, démoli, nettoyé tout cela : à la poissarde ordurière des temps passés, à ses cris, à ses provocations, ont succédé le langage relativement correct, la tenue pleine de convenance de la moderne « *marchande de poissons* ». Cette transformation radicale du langage de la halle a besoin d'une explication : au lieu d'une, vous en aurez deux :

Le commerce du poisson était jadis un excellent commerce ; il est encore très-bon aujourd'hui ; mais il a cependant perdu, paraît-il, et comme beaucoup d'autres, une partie notable de ses anciens avantages. Une poissarde riche, positivement riche, n'était pas chose fort rare il y a quelque vingt ans. Je vois encore cette chaîne d'or faisant cinquante fois le tour du col de la mère Bonbec ; ses vingt-cinq bagues, — pas une de moins, — qui étranglaient impitoyablement huit doigts, huit boudins sur dix de ses bonnes grosses mains écarlates. Toute cette « clincaillerie » en or fin, cossue, massive, contrôlée à la monnaie, n'était pas étalée dans un simple sentiment de coquetterie ou de vanité ; ce sont faiblesses inconnues à la solide poissarde : mais elle avait une autre signification ; elle aidait beaucoup la bonne femme à dire clairement au plus sourd : « Jeune homme, remarquez bien la mère Bonbec qui vend des merlans à la cuisinière de madame votre maman ; eh bien ! sans avoir l'air d'y toucher, elle a cinquante mille écus chez le notaire de monsieur votre papa ; ce qui ne l'a pas empêchée de mettre sa fille dans un pensionnat qui vaut celui de mademoiselle votre sœur. La moitié du magot n'attend que le jour du mariage de sa fille, pour passer dans la caisse du brave garçon qui deviendra son gendre. — Attendez ! laissez-moi m'expliquer jusqu'au bout ; vous parlerez ensuite. — Un mirliflor qui ferait de ma fille une fainéante, qui ferait sauter avec elle — et d'autres — les écus si lentement amassés par la mère Bonbec, ne saurait convenir ni à la mère, ni à la fille. Il me faut, pour gendre, un honnête homme qui encouragera sa femme à respecter et à continuer, après moi, le commerce qui a fait la fortune de ses parents ; comme il fera peut-être encore, après elle, celle de ses enfants. C'est à prendre ou à laisser : ma fille sera marchande de poissons. Cela vous va-t-il ? — Oui ! — Touchez-là, vous êtes mon gendre. »

La génération actuelle des marchandes de poissons aux Halles, a, en majorité, cette origine : ce sont les filles d'anciennes marchandes enrichies, qui les ont dotées d'une bonne éducation tout en les maintenant dans la résolution judicieuse de reprendre, après elle, un négoce lucratif et en même temps fort honorable. Les filles ont épousé des employés d'administrations, des commerçants ; tous gens de bonne compagnie, qui se garderaient bien de détourner leurs femmes d'un commerce dans lequel elles ne trouvent que profit et considération. Ces ménages font partie, en un mot, de la classe si intéressante de la société parisienne où, chacun de son côté, le mari et la femme travaillent courageusement à améliorer la situation de la communauté pour le présent; à réserver d'heureux loisirs pour leur vieillesse et à préparer, par une solide éducation et des économies, l'avenir de leurs enfants.

L'heure du dîner est celle de la réunion de la petite famille ; le mari est revenu de son bureau ou de son magasin ; la femme a terminé ses affaires de la journée : quelques ablutions, un coup de peigne, une robe lestement passée, et voilà notre marchande de tout à l'heure métamorphosée en femme de la meilleure compagnie. Causez avec elle, et vous verrez que son ramage ne le cède en rien à son plumage ; vous êtes dans le salon d'une bourgeoise bien élevée.

La renommée des anciennes poissarde est si solidement établie, que beaucoup de personnes, — vous, mes amis, par exemple, — se figurent encore que l'on ne saurait *causer* autrement qu'en vers de Vadé avec les marchandes de poisson. Il arrive encore que, sur la foi des traditions, quelque bande d'étudiants de première année forme le projet, après boire, d'aller se faire *empoigner* à la Halle. La troupe avinée fait irruption dans le Pavillon de la poissonnerie, et, avec des gestes et des paroles d'une autre époque, s'épuise en efforts pour provoquer une réplique qui n'arrive jamais. Les gardiens, étonnés de ce bruit insolite, ne tardent pas à arriver, et la partie de plaisir se termine piteusement par une expulsion plus ou moins énergique, suivant le degré de résistance opposée par les tapageurs.

Il faut tout dire : quelques-unes parmi les marchandes, ne sauraient peut-être pas observer ce silence stoïque devant la provocation ; mais elles sont, jusqu'à présent, en minorité ; elles n'ont pas, d'ailleurs, la même origine que les marchandes dont je viens de vous parler.

Dans l'aménagement des halles centrales actuelles, beaucoup plus vastes que les précédentes, un grand nombre de nouvelles places furent créées et aussitôt occupées par des postulantes, marchandes improvisées dont la plupart étaient étrangères au commerce du poisson. C'est par voie d'inscription que ces boutiques furent distribuées ; et c'est encore le rang d'inscription qui donne aujourd'hui le droit aux places devenues vacantes.

L'administration n'exigeait et n'exige encore de la postulante qu'un simple certificat de domicile ; c'est-à-dire que, dans une pensée ultra-libérale, on ne lui demande, en résumé, pour toute garantie de moralité, que d'apporter la preuve qu'elle n'est pas en état de vagabondage. Presque toutes, disons toutes les femmes peuvent fournir ce document ; il en résulte que, parmi nos marchandes de souche, parmi les postulantes d'origine fort respectable, se sont faufilées quelques personnes dont la jeunesse n'a pas été précisément consacrée à la vente du poisson, et qui, l'âge mûr étant arrivé, sont passées avec armes et bagages dans le camp d'Amphitrite ne pouvant plus sacrifier sur l'autel de son aimable fille.

Celles-là ont le verbe haut, et de leurs anciennes habitudes, elles ont conservé une terrible démangeaison de faire usage de la langue verte aussitôt qu'une discussion s'élève ; mais les anciennes mettent le holà ; elles sont immédiatement rappelées à l'ordre par leurs voisines. Il est enfin une autre cause qui les maintient dans les bornes d'une décence relative ; et ce n'est pas la moins singulière : je veux parler de l'influence qu'exerce sur elles le milieu sinon élégant, du moins grandiose et confortable dans lequel la Ville de Paris les a placées.

Les grands espaces commandent le respect : dans les grands espaces, un être grossier se trouve amoindri, recroquevillé ; il est ramené involontairement au sentiment de sa petitesse réelle et de l'impuissance de son dévergondage. La distance qui sépare son front de la voûte d'un vaste édifice, et qui n'est, pourtant, ni plus ni moins *lourde* que celle qui le sépare du plafond d'un bouge, réagit sur son cerveau; elle pèse d'un poids inexplicable sur ses instincts brutaux ; elle en paralyse l'expansion. Qu'il cherche à secouer ce joug, qu'il se révolte contre cette domination, qu'il essaie de lancer une clameur, de proférer une injure, injure et clameur se perdent aussitôt dans l'espace sans écho ; ce n'est plus que le bourdonnement inoffensif d'un insecte : « Décidément, se dit-il en rentrant piteusement en lui-même, décidément nous sommes bien petits, taisons-nous. »

Le pavillon des marchandes de poisson est donc devenu, pour les deux motifs que je viens de vous signaler, un établissement qui ne diffère en rien de tous ceux où se débattent, avec décence, les intérêts contraires d'un acheteur et d'un vendeur civilisés. Les transactions s'y discutent dans une langue que les oreilles les plus chastes peuvent entendre ; on y parle le français de la bourgeoisie honnête ; c'est le meilleur, « et sans danger la mère y conduira sa fille. » Je ne me hasarderais pas à en dire autant de la plupart de nos théâtres et de certains de nos salons.

Quoiqu'elle ne fût pas le plus important des sujets que nous avons à traiter ensemble, j'ai tenu, mes amis, à m'étendre un peu sur l'histoire de notre marchande ; j'ai tenu à lui donner le pas sur des questions d'un intérêt plus général, par la raison que l'histoire de cette femme vous concerne directement ; cette histoire, c'est la vôtre : c'est celle de tous ceux qui ont le bon esprit de déserter les rangs de la populace, pour passer du côté du peuple. Et maintenant, occupons-nous de sa boutique.

L'industrie de la pêche, dont je veux vous entretenir d'abord, et sur laquelle on n'a généralement que des idées très-vagues et très-confuses, mérite à tous égards d'attirer l'attention, car nous lui devons une notable partie de notre bien-être actuel. Il n'y a rien de paradoxal dans cette assertion, elle s'appuie au contraire sur des faits, sur des chiffres d'une réalité et d'une exactitude incontestables : il est rigoureusement vrai que si la France n'avait pas, tout le long de son littoral, un personnel de 100,000 hommes qui puisent dans la *pêche côtière* ainsi que dans les *grandes pêches*, la vocation et les aptitudes spéciales du marin, notre pays resterait, par rapport aux autres nations, relégué à un rang d'infériorité commerciale et industrielle dont les pays, géographiquement internés, nous donnent de nombreux exemples : expliquons-nous.

Un marin ne s'improvise pas : avec un robuste gaillard de vingt ans, vous ferez, en six mois, un parfait rouleur de brouette, un garçon-maçon, voire un excellent soldat à qui je prédis le bâton de maréchal de France; mais pour devenir marin, il faut un long et pénible apprentissage qui doit irremédiablement commencer au moment où finit la première enfance, et se prolonger jusqu'à ce que le corps et l'esprit soient rompus à tout ce que la condition humaine peut supporter de misères physiques et morales : pour faire un marin, il est indispensable de mettre à profit la souplesse et la soumission de l'enfant; il faut le pétrir dans le moule de l'adversité pendant que sa nature est encore plastique, si l'on veut que, devenu homme, il accepte avec indifférence les épreuves de sa destinée.

Cet apprentissage ne peut être que progressif : en raison même de la faiblesse du jeune enfant qui y est soumis, on ne pourrait impunément l'arracher brusquement aux soins maternels, et le lancer, sans transition, dans les hasards et les fatigues des longs voyages. Il faut donc, par une initiation graduelle, le familiariser avec cette rude existence, avec l'oubli des douceurs relatives de son foyer : la *pêche* remplit ces conditions, c'est l'A B C de cette terrible école.

Le temps est beau, la mer est tranquille, le vent est favorable; tout promet un retour certain à la marée prochaine : — « Viens, petit, dit le père en prenant son fils par la main, viens, je t'emmène aujourd'hui avec moi. » — L'enfant est dans le ravissement; il saute, il bondit, et l'étourdi ne prend pas garde aux larmes que refoule sa pauvre mère qui l'embrasse, et l'embrasse encore plus fort dans l'angoisse involontaire que lui cause cette première séparation.

C'est une bonne journée dans sa vie : il n'a pas assez d'yeux pour toutes ces nouveautés, pour ces clapotements de l'eau autour du bateau, pour ces voiles qui se gonflent sous l'effort d'une jolie brise et font courir l'embarcation; il n'a pas assez d'oreilles pour tous les grands bruits majestueux de la mer. Dans les manœuvres, il faut voir avec quelle conscience il pèse tout de travers sur une écoute. « Hale, matelot! hale dessus! » lui disent les marins en riant. Et au retour, c'est avec le maintien grave d'un homme, qu'il rapporte fièrement au logis la part de poisson qui fera les frais du repas du soir.

Quelques jours après, il retourne encore à la mer; puis une troisième, une dixième fois; mais déjà ce n'est plus une partie de plaisir, c'est une obligation. Le mauvais temps arrive à son tour; et avec lui, la mauvaise humeur élit domicile à bord du bateau paternel : « Hale dessus, propre-à-rien! » et une bourrade le rappelle au sentiment vrai de sa situation : le sort en est jeté, il est « mousse » à bord de « l'*Aimable-Aglaé;* » dans cinq ou six ans, il sera « novice; » à vingt-cinq ans, ce sera un « matelot; » — à moins, pourtant, que depuis longtemps, quelque tempête n'ait donné raison aux premières larmes prophétiques de sa mère.

Les pêcheurs font donc les marins; et les marins, ai-je besoin de vous le dire? sont les instruments indispensables sans lesquels l'excès de nos richesses naturelles et manufacturières ne saurait s'écouler au dehors : retranchez les pêcheurs, et du même coup vous êtes dans la nécessité de confier aux nations rivales, à vos concurrents, le soin de transporter vos produits et d'alimenter vos fabriques des matières exotiques qui les font travailler; autant vaudrait faire garder vos brebis par un loup. Généralisez la question, et appliquez cette supposition à toutes les nations maritimes de notre planète; à l'instant même tous les liens qui les rattachent les unes aux autres sont brisés; chacune d'elles se renferme dans un farouche isolement; à la solidarité actuelle qui tend à fusionner les intérêts de toutes les races, succède un antagonisme barbare; l'humanité reprend le chemin qu'elle a si péniblement parcouru; elle tourne le dos à la lumière et rentre dans les ténèbres. En effet, sans les marins, les grands négoces seraient impossibles, et le commerce, ce puissant moteur qui met en mouvement tout le mécanisme social, tomberait aussitôt dans un état de marasme qui précède toujours l'agonie de la civilisation. — Si le blocus continental de 1806 existait encore, il y a longtemps que nous serions revenus au régime pastoral de nos ancêtres : le druidisme ne serait pas loin.

Vous voyez, mes amis, qu'à mesure qu'on l'examine, la question grandit à vue d'œil, et que je n'avais pas tort de vous affirmer que le rôle de nos pêcheurs et de nos Marchandes avait une importance extrême ; en voulez-vous une autre preuve ? Etablissez le bilan commercial de toutes les nations de l'Europe, et vous verrez que celle qui est la plus riche, la plus réellement puissante, est précisément celle qui pêche le plus de poissons : ne cherchez pas, c'est l'Angleterre. Et ne me dites pas qu'il n'y a autre chose qu'une coïncidence fortuite entre la richesse de ce pays et le développement immense de ses pêcheries; car il me serait trop facile de vous répondre que la Hollande possédait cette suprématie commerciale et maritime à l'époque où deux cent mille de ses marins et trois cent mille de ses habitants pêchaient, salaient, encaquaient et vendaient par toute la terre un malheureux petit poisson qu'on nomme le hareng; et qu'elle ne l'a perdue que du jour où le hareng est devenu anglais.

Une notable fraction de la fortune publique, — trois cents millions, au bas mot, — est appliquée, en France, à l'industrie de la pêche. Un capital également important est mis en mouvement par le commerce du poisson, qui, en dehors des cent mille marins dont je viens de vous parler, donne du travail et du pain à une multitude d'ouvriers de toutes professions : il est, en effet, peu d'industries qui ne trouvent un excellent client dans celle de la pêche, leur aînée à toutes. Le mineur, — qui extrait et met à jour le minerai, origine première des hameçons, des chaînes, des ancres, et de toutes les ferrures de son navire ;

Le cultivateur, — qui a semé, récolté le chanvre dont sortira le fil de ses voiles, de ses filets et de ses agrès; qui produit également les vivres de l'équipage ;

Le forestier, — qui lui fournit les bois pour la construction de son bateau; et tant d'autres que je ne saurais énumérer, tiennent au pêcheur par un enchaînement prodigieux d'industries, d'usines, de transports et de négoces divers. C'est une complication de rouages capable de faire reculer les classificateurs les plus intrépides.

Et au-dessus de cet ensemble de moyens, de forces si variées, si disparates, plane le *deus ex machinâ* qui met tout cela en mouvement, qui donne la vie à chacun de ces organes, qui féconde les efforts de cette armée de travailleurs : le Capital. — Le capital, qui, après avoir animé l'industrie du mineur, du cultivateur et de tous les autres; après avoir vivifié travail et matière, arrive jusqu'au pêcheur, sous la forme de son navire, de ses filets et autres outils sans lesquels il ne saurait capturer les poissons;

sous la forme du sel, des barils, sans lesquels il ne saurait les conserver; sous la forme des chemins de fer, sans lesquels il ne saurait les transporter ; et enfin, prenant, de leur côté, la forme *circulante* des pièces de cent sous de la marchande, ces mêmes poissons, c'est-à-dire le *résultat-argent* que son travail a produit, revient au pêcheur de façon à lui permettre de payer son propre salaire, de rétribuer le *capital-outil* et d'en rétablir les quantités détruites par ledit travail; car ce capital est essentiellement périssable, et il demande à être incessamment renouvelé : ce sont des vivres, des voiles, des filets, le navire lui-même à remplacer; et voilà l'armée de mineurs, cultivateurs, etc., etc., les banquiers en tête, qui se remet en mouvement, et recommence à travailler pour le pêcheur.

Celui-ci, comme la première fois, comme toujours, paiera tous ces services, toutes ces avances en monnaie de son industrie, c'est-à-dire en poissons, que la marchande, le dernier rouage de tout ce mécanisme, convertit en argent, — l'argent des consommateurs, — et le cercle est de nouveau fermé : les deux anneaux extrêmes, producteur et consommateur, comme je vous le disais tout-à-l'heure, sont soudés.

Observez, mes amis, que la solidarité la plus complète unit tous ces organes : le succès de la campagne d'un pêcheur ne saurait être indifférent pour personne; il intéresse tout le monde, depuis le boulanger qui a fait crédit à la femme du matelot pendant son absence, jusqu'au banquier qui a forcé-

2

ment dirigé, par une voie plus ou moins directe, des capitaux vers l'industrie de la pêche.

— « Monsieur l'escompteur, diront, par exemple, le constructeur, le maître-voilier, et, à leur suite, le cultivateur, le forestier, le mineur, etc.; — Monsieur l'escompteur, la *Rachel* est rentrée avec une pêche pitoyable ; il nous sera impossible de rembourser, à échéance, les effets que son armateur nous avait souscrits, et dont vous êtes porteur.

— « Monsieur le Baron, dira à son tour l'escompteur en venant à l'ordre rue Laffitte, Monsieur le Baron, la *Rachel* est rentrée avec un quart de pêche, l'armateur est horriblement gêné; voici les renouvellements du constructeur, du maître-voilier,... du cultivateur, etc., etc.

— « Hum! se dira M. le Baron, c'est donc un bordereau et non de l'argent que je vais déposer à la Banque. — Diable de *Rachel !*

— « Hum ! fera à son tour la Banque, voici bien du papier ; élevons notre escompte. »

Et voilà le *capital-crédit* qui cesse de lubrifier abondamment les organes de la machine; à la confiance, aux facilités de tout-à-l'heure, succèdent des tiraillements, des frottements qui rendent sa marche pénible, difficile; et ce malaise persistera jusqu'au moment où la *Rachel*, — je veux dire les 300 millions de navires et d'outils affectés à la pêche, ramèneront, avec d'abondants produits, la confiance et en même temps une nouvelle activité dans la circulation.

Si l'on se place à un autre point de vue, si on

l'examine comme ressource dans l'alimentation publique, la pêche devient plus intéressante encore : je vous disais que la nation qui pêche le plus de poissons est la plus riche et la plus puissante; j'aurais dû ajouter que celle qui en mange le plus, est la plus vigoureuse et la mieux portante. Laissant de côté les populations du littoral français qui font une consommation exceptionnelle de poissons, nous trouvons que chaque parisien emprunte à la mer et aux eaux douces, les éléments de cinquante-cinq repas sur les sept cent trente qui constituent son régime diététique annuel; soit 7, 5 pour cent. C'est quelque chose, mais c'est bien peu si nous comparons cette consommation à celle que fait un hollandais; ce n'est plus rien, si nous la comparons à celle d'un habitant du Groenland.

Telle quelle, la consommation *parisienne* des différents comestibles fluviatiles et marins s'élève annuellement à la somme de *vingt millions* en chiffres ronds; sur laquelle, la dixième partie, soit deux millions représentent le bénéfice net et liquide, le salaire, si vous aimez mieux, des marchandes sédentaires de la halle et des marchandes ambulantes qui parcourent Paris. Le commerce de ces dernières a un caractère purement accidentel : ce sont des marchandes des « quatre-saisons » qui désertent le trafic des fruits et des légumes, chaque fois qu'un arrivage extraordinaire de poissons, une de ces *bouffées* qui encombrent momentanément le marché, fait tomber les prix bien au dessous des cours ordinaires; ces jours-là, profitant d'une bonne occasion, au lieu d'acheter des légumes, elles achètent des poissons à la halle et les colportent dans tout Paris : le lendemain, les choses étant rentrées dans leur courant normal, ces marchandes improvisées reprennent leur trafic de végétaux ; on ne doit donc les considérer que comme les instruments temporaires chargés de faire écouler le trop-plein accidentel de la production : nous ne nous en occuperons pas davantage.

Un outillage valant 300 millions, tel est donc, répétons-le, la force mise en jeu par la France pour procurer à la population une précieuse ressource dans son alimentation ; en même temps qu'elle lui conserve une pépinière non moins précieuse de 100,000 marins qui contribuent puissamment à sa prospérité commerciale. — Ce capital, cette vaillante armée, travaillent de concert pour couvrir ce marché où nous nous promenons, de produits alimentaires dont le moindre mérite est d'apporter une variété salutaire dans notre nourriture. Ce résultat est-il comparable, en effet, à toutes les autres conséquences qui découlent de l'industrie du pêcheur ? est-il comparable, ne cessons pas de le dire, aux avantages incalculables que le commerce en général, et avec lui la société entière, retirent du concours aussi puissant que modeste et ignoré de ces 100,000 soldats de la civilisation? n'est-ce pas à ces apprentis-marins, n'est-ce pas à leur intervention ultérieure dans le mécanisme commercial, que nous devons la meilleure partie du bien-être de l'espèce humaine? n'est-ce pas aux marins que nous devons en partie les richesses dont jouit notre société moderne ? ces richesses qui développent chez les races le raffinement dans les goûts, dans les instincts, et déterminent, conséquemment, la répudiation des passions grossières et des mauvais penchants?

Et maintenant, mes amis, ne vous semble-t-il pas que ces tables de marbre chargées de poissons prennent à vos yeux une importance que vous ne leur supposiez pas? Ne vous semble-t-il pas que cette marchande et son commerce s'agrandissent et s'élèvent singulièrement à mesure qu'on découvre tout ce qui en découle et tout ce qui s'y rattache?

Le moment est venu d'aborder les questions de détail; nous allons donc passer en revue les diverses opérations spéciales qui constituent l'ensemble dont nous avons seulement parlé jusqu'ici. Chacune d'elles présente des particularités qui la distinguent de toutes les autres : une morue, par exemple, ne se pêche pas de la même façon qu'un turbot; et la même différence existe entre les deux espèces de pêcheurs qui les poursuivent et les capturent.

L'histoire, les mœurs, l'existence des pêcheurs et des poissons méritent d'être connues, sinon étudiées. Les poissons surtout, lorsque vous les connaîtrez mieux, cesseront d'être pour vous, j'en suis certain, « des animaux qui ne deviennent intéressants qu'après avoir passé par les mains habiles d'un cuisinier. »

CHAPITRE II

LA GRANDE PÊCHE

LA MORUE

Regardez ce baril de piteuse apparence, suintant un liquide affreusement salé, et développant au plus haut degré cette vigoureuse odeur de marée que j'aime tant à humer lorsque j'arrive dans un port de mer. Certes, il ne paie pas de mine, le pauvre baril, et le nom démesurément flamand qui est imprimé sur son fond, ajoute encore à son air rébarbatif; mais enlevez ce fond, et aussitôt c'est un autre spectacle; vous avez sous les yeux une couche de beau sel blanc dont les cristaux aux facettes miroitantes réjouissent déjà la vue : écartez ce sel, vous rencontrez bientôt une autre couche résistante; et vos mains saisissent un objet dont la couleur blanche, la forme plate, ne vous apprendraient rien sur sa nature, si son odeur pouvait vous laisser le moindre doute : c'est un poisson que vous avez entre les mains; et ce poisson, c est une *morue*.

Un grand nombre de personnes, qui n'y regardent pas de bien près, s'imaginent, — j'ai l'air de plaisanter, — que la morue est un *poisson plat* ayant quelque analogie, par la forme, avec le turbot, la sole et la limande. Le cas n'est pas pendable ; il n'y a même pas lieu d'en rougir, bonnes gens, car les plus grands clercs ont vécu dans des erreurs autrement graves ; et beaucoup, dit-on, sont morts dans l'impénitence finale.

La morue n'est donc pas un poisson plat : elle est née, elle a été pêchée avec la forme, la figure, la couleur, souvent même avec le nom d'un *cabillaud*, poisson que vous pouvez voir dans la boutique de notre marchande ; et si nous le retrouvons dans ce baril, fendu, aplati, salé, et s'appelant « morue », ce n'est, croyez-le bien, que par une suite de circonstances indépendantes de sa volonté.

La morue a rendu, et rend tous les jours à l'humanité les services les plus importants. Sa fécondité dépasse tout ce que l'on peut imaginer ; pour vous en donner une idée, je vous dirai que l'on trouve dans une morue de moyenne taille près de *neuf millions cinq cent mille œufs*. Je dois vous avouer que je ne les ai jamais comptés ; je ne m'en chargerais même à aucun prix, et préfère m'en rapporter à Antoine Leuwenhoek, qui a prouvé, en cette circonstance comme en beaucoup d'autres, jusqu'où pouvait aller la patience d'un hollandais ; je vous engage sincèrement à faire comme moi.

Neuf millions cinq cent mille œufs ! c'est-à-dire que si, comme je l'espère, les *gadoïdes* peuvent être cultivés un jour, comme tant d'autres poissons, il suffira de subventionner quelqu'une de ces pauvres populations riveraines de la Baltique et de la mer du Nord pour décupler, centupler le nombre de ces précieux animaux.

Jusqu'à présent, les énormes quantités d'œufs fournies par les morues ont reçu une autre application : sous le nom de *rogues*, ils servent d'amorce dans la pêche de la sardine; on assure que chacun de nos bateaux de Douarnenez consomme jusqu'à huit et dix barils de ces rogues dans un seul jour de pêche.

La chair de la morue fraîche (*cabillaud*) est des plus bienfaisantes; son goût est parfait.

Le cabillaud est un des bons souvenirs gastronomiques de ma première jeunesse. Je me rappelle encore ce gros tronçon de cabillaud, tenant tout le milieu de la table, et envoyant jusqu'au plafond sa buée aromatique. A côté, figurait un large plat sur lequel des pommes de terre fumaient également, s'efforçaient de se maintenir en pyramide, mais s'écroulaient et tombaient en farine; on voyait enfin, dans un coin, une saucière remplie de l'inoffensif beurre fondu.

Tel était le souper. d'une famille d'honnêtes flamands à cette époque.

Il me semble voir encore la cuiller s'enfonçant dans le flanc du poisson, en détacher de larges escalopes d'une chair crêmeuse, blanche comme neige, et les déposer sur mon assiette. Une autre main, bénie du bon Dieu, y ajoutait deux ou trois, — plutôt quatre que trois, — pommes de terre accompagnées d'une cuillerée de beurre. Le tout représentait un volume assez respectable; et pourtant, l'avaler n'était que l'affaire d'un moment; bientôt ma première parole suivait ma dernière bouchée : « Encore! »

Une copieuse tasse de thé arrosait cet excellent repas; et le lendemain, je me réveillais avec l'œil sain, le cœur gai d'un homme qui a bien digéré. Pauvres chers soupers, qu'êtes-vous devenus?

De même que l'alouette se nomme « mauviette » dès l'instant où elle est plumée et mise en broche, le cabillaud de Terre-Neuve ou d'Islande se nomme « morue » aussitôt qu'il est salé et séché, ou simplement salé.

Sous cette forme et ce nom, il constitue l'un des aliments les plus répandus sur la terre : salée et séchée, on trouve la morue dans les régions les plus chaudes et les plus éloignées. Maintes fois, sur la côte du Pacifique, j'ai mangé de la morue sèche que les espagnols appellent *bacalao* et qu'ils accommodent de diverses façons : l'une d'elles mérite d'être vouée à l'exécration du monde entier; je veux parler de l'*aji de bacalao*. Quand j'y pense, ma langue et mon palais se pèlent, mon gosier se dessèche, je brûle.

C'est principalement aux Antilles, aux Etats-Unis, ainsi que dans tous les pays où la classe ouvrière est représentée par la race noire, que se fait la plus forte consommation de morue sèche (*dried cod*). Les nègres, en raison de son extrême bon marché, en font leur nourriture habituelle. Aux Antilles, le kilogramme de morue sèche ne vaut pas plus de cinquante centimes. Le maître, le colon riche ne la dédaignent pas pour cela : dans les déjeuners d'une famille américaine, figure invariablement un plat de ***dried cod***, accompagné d'une sauce vigoureusement relevée, mais qui, du moins, n'a pas pour les européens fraîchement débarqués, les conséquences incendiaires de l'***aji de bacalao*** des Péruviens.

L'Espagne et tout le midi de l'Europe sont également de forts consommateurs de la morue sèche; quant à la France, elle n'en consomme pas plus de 22 millions de kilogrammes par année ; soit 0 kilog. 55 par tête d'habitant. C'est la morue salée (***green*** ou ***picked cod***) qui fait plus spécialement partie de l'alimentation des peuples du Nord. Cependant la consommation proportionnelle de la France n'atteint pas, à beaucoup près, le chiffre qui devrait résulter du nombre de ses habitants, puisqu'elle ne dépasse pas 40 millions de kilogrammes de ***morue verte*** (morue salée) par année; ce qui comporte un peu plus d'un kilog. par habitant. Comparé à ceux des autres produits alimentaires consommés par un français, ce chiffre d'un kilog. de morue salée paraît, et il est véritablement insignifiant. Plusieurs motifs en donnent l'explication : et tout d'abord, se présente à l'esprit cette heureuse pensée que notre France est, de tous les pays, celui dont le climat et la fertilité se plient le mieux à la satisfaction des besoins gastronomiques : point de ces chaleurs sénégaliennes qui dessèchent les végétaux sur leur tige dans le midi de l'Europe; point de ces froids excessifs et prolongés qui s'opposent pendant huit mois sur douze à toute espèce de végétation dans les contrées du nord; mais seulement un hiver court et benin dont les quelques jours de gelée sont d'une extrême utilité pour la culture; seulement aussi quelques autres jours de forte chaleur qui arrivent à propos pour mûrir les récoltes. Tout le reste de l'année se compose, bon an mal an, de journées plutôt tièdes que chaudes ou froides; en un mot, la France est dans des conditions climatériques exceptionnelles qui lui permettent de faire sortir de son propre sol, successivement et d'une façon presque continue, la plus grande partie des produits alimentaires nécessaires à la vie de ses habitants. De cette abondance d'aliments frais en toutes saisons, résulte la possibilité de négliger, jusqu'à un certain point, les aliments *conservés*, et plus particulièrement les poissons *salés*.

Malgré cela, la France consacre chaque année un capital de soixante-cinq à soixante-dix millions, et un personnel de *quinze mille marins* à la pêche de la morue.

Quinze mille marins vont, chaque année, pêcher ce poisson sur les bancs de Terre-Neuve et dans les parages tempêtueux de l'Islande. Les fatigues qu'ils endurent, les dangers trop réels qu'ils courent, notamment sur ces affreuses côtes de l'Islande incessamment ravagées par la tempête, les rendent intéressants à plus d'un titre. Les *pêcheurs* d'*Islande* surtout représentent un type de marins qui n'est pas assez connu du lecteur parisien; car il a trop peu de brillant pour attirer l'attention. De cette classe de marins, sortent ces rudes matelots un peu lourds, un peu épais, passablement bourrus, renfrognés et taciturnes, mais qui sont si recherchés dans la composition des équipages, et que les officiers de notre marine militaire apprécient d'une manière toute spéciale. Ce n'est pas à eux, cependant, qu'il faut demander des cabrioles sur les barres de perroquet; ce n'est pas eux qui, dans le gréement, gambadent avec l'adresse d'un singe, en sautant d'un cordage à l'autre; ce n'est pas avec eux, non plus, que vous obtiendrez, dans une rade, le triomphe d'un brillant appareillage. Toutes ces jolies choses, qui font l'admiration du parisien dans un port de mer, vous les trouverez chez le marin méridional. Mais vienne un véritable mauvais temps qui durera deux jours, quatre jours, qui durera une semaine : le premier jour, votre gascon ou votre italien fera merveilles; vous le verrez courir à l'avant, à l'arrière, à babord, à tribord, en sifflant, en chantant, gourmandant, à l'occasion, notre flamand qui fait paisiblement sa petite besogne sans avoir l'air d'y toucher : le second jour, le mauvais temps redouble, et voilà l'ardeur du gascon qui se calme en raison inverse; le soir de ce second jour, il y a longtemps qu'il ne chante plus; on l'entend geindre, murmurer : le quatrième jour, il n'y a plus personne, ou bien c'est un révolté.

Le flamand, lui, ne fait aucune espèce de tapage; il est tout entier à son affaire : si vous passez à côté de lui, vous entendez seulement comme une espèce de grognement, à moins, pourtant, que ce ne soit le fredonnement de quelqu'une de ses chansons macaroniques moitié françaises, moitié flamandes; car lorsqu'il grogne, il a l'air de fredonner, et lorsqu'il fredonne, vous jureriez qu'il grogne. Il est mouillé, trempé jusqu'aux os; le pauvre garçon, il y a quatre jours, une semaine qu'il n'a pas un poil de sec sur lui; mais il est là, toujours là, à son poste, et pas plus fier pour cela. Aussi, est-ce au matelot dunkerquois que l'on donne généralement les postes de confiance à bord des navires de guerre ou de commerce : on le place à la barre, on l'envoie en vigie, on le charge des sondages, on le place enfin partout où il faut du calme et de la solidité.

Voilà un homme qui me paraît mériter que l'on fasse avec lui plus ample connaissance : allons donc, si vous le voulez bien, le chercher chez lui, à Dunkerque; mais dépêchons-nous, car c'est demain que la flottille des Islandais met à la voile; ne laissons pas échapper une occasion unique de connaître le pêcheur, son navire et son industrie.

Débarquons, en pensée, du chemin de fer du Nord.

Nous sommes servis à souhait : voici, sous nos yeux, un *Islandais* qui pose à ravir pour le portrait que nous allons esquisser. Prêt à s'embarquer, il a revêtu le costume qu'il ne quittera plus jusqu'au retour, costume qui nous frappe, tout d'abord, par la vigueur de son dessin, par la virilité de son ensemble et de ses couleurs. Notre première impression se résume en quatre mots : « Voilà un rude lapin ! »

Une vareuse de flanelle rouge, ample et chaude, couvre son torse, ses épaules et ses bras, et disparaît dans une culotte courte de gros drap bleu qui s'attache sous le genou. Sur cette vareuse, ainsi que sur la culotte, sont adaptés de véritables cuissards et des brassards en cuir noir qui rappellent les armures bourgeoises des anciens flamands.

La tête est recouverte du fameux soroë en toile goudronnée, dont le bord, plus large par derrière que par devant, abrite la nuque contre la pluie et les éclaboussures de la lame : des oreillères attachées sous le menton achèvent d'encadrer hermétiquement un visage que je vous recommande tout particulièrement.

Où trouverez-vous, en effet, une plus parfaite personnification de la santé, de la vigueur, du triomphe de la vie sur la destruction : regardez cette bonne face chaudement colorée par le hâle, ce soleil du nord, animée par les deux yeux bleus quelque peu égrillards de la race saxonne ; regardez cette bouche un peu trop lippue pour n'être pas sensuelle et franche ; regardez enfin ces deux bonnes grosses joues, et dites-moi s'il existe un souci capable de jaunir et amaigrir tout cela. L'une de ces joues, pourtant, est notablement déformée par une grosseur insolite, enflure évidemment occasionnée par quelque accident, quelque douloureux abcès ; (pauvres marins !) elle n'enlève rien, d'ailleurs, à la placidité de ce bon visage : continuons notre examen.

Une épaisse cravate de laine tricotée fait deux fois le tour du cou, probablement dans le but de combattre les causes de l'affreux abcès de la joue gauche; puis, ses deux bouts vont se cacher sous la vareuse, et, en se croisant sur la poitrine, contribuent à la préserver du froid.

Ses mains sont enfoncées dans d'énormes gants de laine monodactyles qui ont pour mission de leur conserver un peu de chaleur lorsqu'il devra, pendant toute la sainte journée, saisir et haler à bord sa ligne de pêche mouillée par l'eau glaciale de la mer du Nord.

Ses chaussures ne sont pas la partie la moins intéressante de son costume; elles viennent compléter ses armes défensives contre l'eau et le froid : ce sont des bottes énormes dont les tiges montent jusqu'au haut des cuisses et sont maintenues à cette hauteur, soit par une coulisse qui les serre, soit par des tirants qui s'attachent à la ceinture; des semelles, épaisses de deux doigts, ajoutent encore à la taille du marin, qui, sans elles, dépasse généralement la moyenne. Cette formidable chaussure complète le blindage cuir-et-laine qui ne le préservera pourtant qu'imparfaitement contre les attaques de la bise et de l'eau. — Quel gaillard! mais aussi quelles bottes! si, d'aventure, il vous marche sur le pied, vous me direz ce que vous en pensez. Surtout, pas d'amour-propre en cette occurrence, pas de vivacité; rengaînez la susceptibilité parisienne, je vous le conseille en ami. Ceci ne veut pas dire pour cela que mon Islandais soit un chercheur de querelles, un matador ne rêvant que plaies et bosses, comme pourrait vous le faire supposer, peut-être, l'horrible tuméfaction de sa joue..... droite, — je croyais que c'était la gauche; — c'est, au contraire, l'homme le plus pacifique du monde; il ne donnerait pas une croquignole à une mouche.

Il ne se connaît que deux ennemis; et encore, peuvent-ils, à la rigueur, se confondre en un seul : c'est le commissaire de l'inscription maritime et la gendarmerie de la marine. Pour différentes raisons qui ne sauraient trouver place ici, le marin professe traditionnellement, à l'égard de ces honorables fonctionnaires, une antipathie qu'il manifeste dans toutes les occasions, et notamment par des chansons dans lesquelles il avoue, carrément, la satisfaction qu'il éprouverait à les voir fusiller :

Au pied du mât de misaine,
La digue dondaine,
Un gendarme de chaque côté,
La digue dondé.

En dehors de l'idée fixe de fusiller le commissaire entre deux gendarmes, — idée qui n'a jamais passé de la théorie dans la pratique, — le pécheur islandais n'a guère à se reprocher que quelques discussions pugilatiques avec un cabaretier récalcitrant, ou avec la garde qui l'emmenait irrévérencieusement au poste. Le reste de ses démêlés avec l'humanité mérite à peine d'être cité.

Vous entendrez bien, parfois, des clameurs féminines répondre à quelque exhortation un peu trop laconique de notre pélerin ; n'y prenez pas garde, et soyez indulgent : réfléchissez que le pauvre diable ne descend à terre que pour se rembarquer aussitôt ; où trouverait-il donc le loisir de débiter, avec la componction voulue, les élégantes circonlocutions qu'emploierait un premier ténor pour faire partager sa flamme! d'ailleurs, il n'est pas d'un naturel expansif; les longs propos ne sont pas dans ses allures : « Au fait! dit-il, arrivons au fait! »

En politique, ses idées sont à peu près les mêmes qu'en amour; il a les complications en horreur; son système se résume en un mot : simplifier. — Parle-t-on devant lui des difficultés de la question d'Orient, de celle de Rome, ou d'une rectification de frontières? il vous interrompt magistralement. « Si je serais le Goverrrnement, voyez-vous, je ferais fusiller une demi-douzaine de particuliers (un clignement d'œil dirigé vers les bureaux de la marine vous dit assez qu'il pense au commissaire et aux pauvres gendarmes), je ferais fusiller une demi-douzaine de particuliers, » reprend-il en appuyant, le reste marcherait tout seul. « Belle affaire que tout le reste ! » ajoute-t-il en levant sa montagne d'épaules.

Tel est le pêcheur islandais : de cuir et laine à l'extérieur, de cuir et de muscles par dessous ; beaucoup de matière et peu d'esprit; je vous garantis que la lame n'usera jamais ce fourreau : c'est un être, enfin, que la nature a charpenté au physique et au moral de façon à lui faire accepter, sans récriminations, le lot pourtant peu gracieux qui lui est échu dans la grande tombola des destinées humaines.

Maintenant que nous avons de lui une première

idée, il est urgent de le suivre dans ses travaux, dans ses luttes, dans ses misères, si nous voulons le connaître entièrement. Nous apprendrons, en même temps, ce que coûte, à un de nos semblables, le soin de nous procurer le morceau de morue que nous mangeons parfois en rechignant.

A la fin de février ou au commencement de mars de chaque année, on procède à l'armement (1) des navires destinés à la pêche d'Islande.

Autrefois (je parle d'une trentaine d'années) le navire islandais était une copie plus ou moins heureuse du *Koff* hollandais : on s'efforçait de le rendre carré de l'avant, carré de l'arrière, carré de tous les côtés; et on y parvenait, ma foi, presque à tous les coups. C'était un bâtiment qui au point de vue de la stabilité sur l'eau, possédait de sérieuses qualités; mais, — on ne peut pas tout avoir, — pour ce qui est de la grâce, de l'élégance des lignes, il ne le cédait en rien à un étui de guitare ou à un carton à chapeau.

Gréés en *dogres*, ces jolis bâtiments n'étaient pas embarrassés, par une verte brise, de filer rondement leurs trois nœuds, trois nœuds et demi; il y en a un qui a été jusqu'à quatre nœuds : on en parle encore après en avoir longtemps douté. La majesté inalté-

(1) *Armer* un navire, est un terme qui est passé de la marine militaire dans la marine marchande. Appliqué à celle-ci, il ne veut pas dire que l'on embarque des canons, des armes, de la poudre sur le navire; mais bien qu'on le munit de tous les vivres et objets spéciaux au genre de navigation qu'il va entreprendre : on embauche en même temps son équipage.

Désarmer ce navire, c'est réintégrer au magasin de l'armateur ce qui reste de ces objets ou denrées après le voyage; c'est aussi débarquer l'équipage.

rable dans les allures de nos anciens bateaux islandais est parvenue plusieurs fois, chemin faisant, à dérider la marine britannique que l'on ne fait pourtant pas rire facilement; mais ce petit triomphe se soldait par de nombreux inconvénients : partant plusieurs jours à l'avance, nos pêcheurs n'arrivaient sur les lieux de pêche que longtemps après leurs concurrents; ceux-ci trouvaient le moyen de rentrer à leur port d'armement, de débarquer leur poisson et de reprendre la mer avec un fret qui complétait les produits de leur année de navigation, quand nos pêcheurs français s'apprêtaient seulement à plier bagage et à effectuer leur retour. Parfois, dans ce dernier voyage, les Anglais rencontraient, de l'autre côté de l'Ecosse, l'avant-garde des pêcheurs dunkerquois qui revenait gravement, avec une auguste sérénité qui ne se serait pas démentie pour si peu.

Cès vénérables Koffs, ou *coffres* suivant la prononciation naïve de nos pêcheurs, n'en faisaient pas moins l'orgueil et la joie des anciens armateurs dunkerquois, qui vivaient dans la persuasion de posséder les meilleurs navires dans le meilleur des mondes possibles; lorsqu'un hardi réformateur vint troubler leur béatitude.

Gaspard Malo, habile constructeur de navires, se mit en tête d'appliquer, à la pêche de la morue, des navires fins, de grande marche, hardiment gréés; l'opposé, en un mot, de ce qui se faisait depuis des siècles. Il construisit donc (vers 1835?), pour le compte d'un armateur que l'on qualifia également d'audacieux, une première *goëlette* qui résumait toutes les qualités de marche et d'élégance que l'on avait jusqu'alors systématiquement refusées aux navires islandais.

En dépit de toutes les prédictions, ce charmant bâtiment fit merveilles; il se comporta parfaitement dans les mauvaises mers d'Islande, et par ses services ultérieurs, ne contribua pas peu à la fortune de son armateur ainsi qu'à la réputation de son constructeur. D'autres goëlettes du même modèle furent construites successivement; l'élan était donné. Aujourd'hui vous trouveriez peut-être plus facilement à Dunkerque une trirème de Jules-César, qu'un de ces bienheureux dogres qui, naguère, cheminaient en se dodelinant sur la mer du Nord.

Les frais d'armement d'une goëlette pour la pêche de la morue à Islande, varient suivant son tonnage et le chiffre de son équipage. Pour un navire de cent cinquante tonneaux dont la coque et le gréement coûtent environ 60,000 fr., les frais d'armement et de désarmement sont à peu près les suivants (nous supposons qu'il reviendra avec une assez bonne pêche) :

Armement :		
Amortissement de la valeur du navire, assurances, frais généraux, etc. (10 0/0) pour six mois	f. 3.000	13.000
Avances à l'équipage, etc.	4.000	
Vivres, sel, engins de pêche	6.000	
Désarmement :		
Solde de l'équipage au retour	6.000	8.000
Frais de désarmement	2.000	
		21.000

Pour se couvrir de ces avances, l'armateur, en dehors de la vente des produits de la pêche, touche du Gouvernement une prime de 50 fr. par chaque homme d'équipage, ainsi qu'une autre prime de 20 fr. par 100 kilog. de poisson pêché par son navire. Il doit faire entrer également en ligne de compte à son avoir, la valeur des vivres et objets d'armement qui lui font retour à la fin du voyage : en résumé, la pêche d'Islande est généralement une bonne opération, qui a enrichi un grand nombre d'armateurs dunkerquois.

Les vivres, qui entrent dans les dépenses ci-dessus pour une somme de trois à quatre mille francs, se composent de biscuit, de lard, de pommes de terre, de beurre, n'oublions pas le sucre et le café ; et enfin de bière, de genièvre et d'eau potable. Tous ces comestibles et liquides sont renfermés dans des tonnes qui serviront, au fur et à mesure qu'elles seront vidées, à contenir la morue *paquée ;* d'autres tonnes contiennent le sel nécessaire à la première salaison du poisson; toutes, on verra tout-à-l'heure pourquoi, sont marquées au nom de l'armateur.

Les principaux objets embarqués spécialement pour la pêche sont des haims (hameçons), des lignes et des plombs. Les haims ont environ douze centimètres de hauteur, depuis l'extrémité de leur tige jusqu'à la base de sa courbure; et celle-ci a une ouverture de six centimètres. Ces honnêtes dimensions prouvent que la morue n'est pas précisément une mijaurée qui fait « la petite bouche » pour se laisser prendre. L'hameçon a cette particularité qu'il porte, à sa tige droite, un petit poisson en plomb, enfilé de bout en bout; de sorte qu'il paraît, après avoir avalé et évacué instantanément une grande partie de l'hameçon, s'être arrêté faute d'appétit : il semble aussi dire à la morue : « Gobe-le donc, tiens, regarde : ce n'est pas plus difficile que ça! » La mission réelle de ce morceau de plomb, sous forme de poisson, est de maintenir l'hameçon dans une position verticale.

Les lignes sont de solides cordes de la grosseur du petit doigt et d'une longueur variable (100 mètres environ). Ajoutez aux hameçons et aux lignes une provision de plombs qui vont, par leur poids, entraîner lignes et hameçons aux profondeurs voulues, et vous aurez, si je ne m'abuse, l'énumération complète des engins de la pêche.

Une autre somme, que nous voyons figurer dans la liste des frais d'armement, et la plus intéressante pour notre ami le pêcheur, c'est celle des avances faites à l'équipage. Quelques jours avant le départ, chaque homme reçoit, à titre d'avance sur ses gages ou sa part, une somme qui varie entre 150 et 170 fr., et dans laquelle figurent les 50 fr. de prime que l'état accorde à chaque homme de l'équipage.

Cet argent, attendu comme le Messie, arrive on ne peut plus à propos pour faire taire les « brigands de créanciers » et renflouer un crédit qui coule bas : dans ce même ordre d'idées, il sert également à ouvrir des négociations avec le boulanger qui, pendant l'absence du pêcheur, délivrera chaque semaine, à la femme et aux petits, un nombre débattu de livres de pain.

La femme, de son côté, court retirer du Mont-de-Piété sa chaîne et ses boucles d'oreilles; mais je mets ma main au feu qu'elles y retourneront l'année prochaine à l'époque du carnaval. Puis, on s'occupe de compléter le costume que nous connaissons; on remplace quelques pièces défectueuses, on achète une vareuse, on fait aussi la provision de tabac à chiquer (nous voici éclairés sur la cause de la fluxion); on achète un soroë neuf, etc., etc., etc.; enfin, si malgré le nombre et l'importance des *et cætera*, il reste, la veille du départ, quelques pauvres débris des avances de l'armateur, — et on s'arrange toujours pour qu'il en reste, — alors, vive la joie! on festoye, on fait bombance; il n'y a rien de trop cher : on mange du veau! — Le soir arrive; les cabarets sont combles : je me demande par quel miracle d'élasticité, tant d'hommes, de femmes, d'enfants, tant de fumée et tant de bruit peuvent tenir dans des endroits aussi restreints : c'est un chef-d'œuvre d'arrimage. Ils y resteront jusqu'au matin, les joyeux compagnons; la nuit qui précède le départ pour Islande a ses immunités; cette nuit-là, le cabaret peut ouvrir sa porte, la police a fermé son œil.

Il se lève enfin, le jour du départ; tous les yeux interrogent le ciel, la marche des nuages : le vent est bon! nous allons partir.

Un grand remue-ménage se fait dans les maisons habitées par les pêcheurs : c'est le *coffre* qu'on emporte pour le conduire à bord ; dans ce coffre, ont été rassemblés par la mère, par l'épouse, tous les chauds vêtements de laine que l'on a tricotés dans les longues soirées d'hiver, en s'entretenant de l'absent, en se répétant pour la centième fois le récit de quelqu'un de ses voyages, de quelqu'une de ses fredaines. Ce coffre, qui s'en va le premier, est le sujet des premières larmes.

Cependant l'heure de la marée approche ; les navires qui, la veille, ont quitté le bassin pour venir s'amarrer dans le port d'échouage, commencent à flotter. Les autres se pressent dans le sas et aux écluses du bassin à flot qui vont s'ouvrir pour laisser passer une première fournée de ces retardataires ; puis une autre, et encore une autre ; comptez-les, si vous pouvez, tous ces navires ; moi, je crois qu'il y en a pour le moins cent. — « Monsieur, dit un vieux marin, il y en a cent trente-cinq. — Merci, mon brave homme. — Jolie brise pour sortir ! Monsieur. »

Cent trente-cinq navires ! c'est-à-dire un capital de *neuf* à *dix millions*, c'est à-dire la vie de *deux mille marins*, qu'un seul port expose pour nous faire manger, trois fois dans l'année, le morceau de morue en question !

Quel mouvement dans toute la ville ! les boutiques, les magasins, les cabarets sont encombrés de pêcheurs qui viennent faire une dernière emplette, boire un dernier coup, — sera-t-il le dernier ? — avant de s'embarquer. Les femmes, les sœurs, les mères, les filles, d'autres encore ne les quittent pas d'une semelle; les yeux sont bien rouges; le coin des tabliers est un peu mouillé. Les « autres », surtout, se font remarquer par la nature plus expansive de leur émotion : ce ne sont pas encore des parentes; mais j'affirme qu'elles ont une terrible démangeaison de le devenir; chacune s'appuie languissamment sur le bras de son gros conquérant; quant à lui, il est impayable avec son air vainqueur. — « Jean, écoute que je te dise encore : jure-moi... » et de ses mains attirant la tête de l'Islandais, elle applique ses lèvres à son oreille. Que lui dit-elle? est-ce une prière, une sommation de résister aux charmes des Islandaises? ne serait-il pas question aussi d'une certaine promesse à réaliser au retour?

Mais l'heure presse; il est temps de mettre fin à ces épanchements, à ces interminables post-scriptums de l'affection; il s'agit de regagner le navire; tous les groupes se dirigent donç vers le port. Quelques-uns, — il faut tout dire, — n'avancent que péniblement, en zigzaguant : ceux-là fredonnent généralement des chansons inconnues sur des airs lugubres à porter le diable en terre.

Suivons la foule qui se dirige aussi le long des quais, par les rues, vers l'avant-port et les estacades. Un grand nombre de curieux, et ce sont les mieux avisés, s'arrêtent au belvédère ou envahissent les remparts. De ce point élevé, l'œil embrasse, d'un seul regard, le port, la magnifique rade de Dunkerque, ses plages incomparables et ses fortifications qui ont encore, goddam! une tournure assez respectable; n'est-il pas vrai, Messieurs les Anglais?

Il est aisé de s'y faire une idée de ce que pourrait être encore, — si on le voulait bien, — cette vaillante cité que la France sacrifia, offrit maintes fois en holocauste pour apaiser ses vainqueurs, payer sa rançon...

. . . .

Do mi, do sol, mi do, sol mi do! — Un joyeux prélude du célèbre carillon ramène, fort à propos, nos pensées vers les choses présentes.

C'est la jolie ville qui, du haut de sa tour, adresse ses adieux aux marins qui vont la quitter.

Le carillon est aux matelots dunkerquois ce que le *bignou* est aux pêcheurs bretons : c'est la personnification de son pays, de son clocher. Avec quel ravissement il entend, au retour, le babillage de ses cloches bien-aimées! son navire est encore loin du port, que le vent lui porte déjà la chanson de bienvenue.

Lorsqu'il part, le dernier bruit de la terre qui parvienne à son oreille, c'est la voix de son clocher :

« Au revoir, matelots...; faites un bon voyage..! »

Le moment est venu ; quelques dernières poignées de main, quelques derniers baisers sont échangés sur les quais, et les voilà qui s'embarquent. Les premiers instants ne sont pas exempts d'un peu de désordre et de confusion ; le pont des navires est encombré de légumes et de vivres frais de diverses natures ; les idées, de leur côté, sont un peu embrouillées, car si les yeux ne sont pas voilés par des vapeurs alcooliques, ils aperçoivent à deux pas, sur le quai, d'autres yeux bien faits pour faire naître des distractions. — Cependant le capitaine jure et tempête; quelques bourrades aidant, l'appareillage s'accomplit cahin-caha; les voiles se gonflent les unes après les autres, et les navires commencent à creuser lentement un sillon qui ne s'arrêtera que dans six mois. — Ils filent entre les jetées qui sont envahies par la foule des curieux, des amis et des parents : ces derniers, ces dernières, veux-je dire, hâtent le pas pour accompagner jusqu'au bout, le frère, le fils, l'époux, l'amant qui s'éloignent de plus en plus vîte; et, se faisant un porte-voix des deux mains, elles leur crient encore un dernier mot d'adieu, une dernière promesse, une dernière recommandation.

Mais les jetées sont dépassées; les navires, toutes voiles dehors, fendent l'eau avec rapidité : dans un instant, les matelots pourront à peine deviner dans la foule qui encombre les jetées, les visages, puis les costumes de celles qui leur appartiennent; encore une minute, tout ce qui est « elles » disparaîtra; tout a disparu.

Les bruits de la terre deviennent imperceptibles à leur tour. Cependant, en faisant silence à bord; en prêtant l'oreille, on distingue encore vaguement quelques phrases argentines chantées par le carillon du beffroi... « Au revoir, mes matelots..; faites un bon voyage ..! »

....

Le premier jour de navigation est, en grande partie, consacré au repos et à quelques petits arrangements; il faut bien, que diantre! donner à certaines vapeurs le temps de se dissiper; mais laissez faire l'air de la mer, et vous verrez que, demain, chacun sera dispos et prêt à la besogne; c'est-à-dire que, depuis le plus grand jusqu'au plus petit, depuis le capitaine jusqu'au mousse, tout le monde va se mettre à préparer les lignes : travail qui consiste à assujettir l'hameçon à ladite ligne; ce n'est pas bien compliqué, mais encore cela demande-t-il un certain soin.

C'est par milliers que l'on compte, à bord d'un navire de pêche, le nombre de ces hameçons qui coûtent, je crois, o fr. 20 c. pièce : il y en a trop, attendu qu'il est important qu'il y en ait assez. D'un autre côté, il parait que les pêcheurs belges qui partent à la même époque d'Ostende et d'Anvers pour Islande, négligent souvent de s'approvisionner aussi largement en lignes et en hameçons; mais, en revanche, ils emportent des quantités superflues de tabac et de genièvre : des mauvaises langues, — il y en a partout, — ont prétendu que, de cette situation réciproque, résultait quelquefois une des plus ingénieuses applications du libre-échange. Pour mon compte, je n'en crois pas un traître mot.

Les côtes abruptes et sauvages de l'Islande apparaissent à nos yeux; nous voici enfin arrivés sur les lieux de la pêche; reste à choisir le point où nous allons opérer. A cet égard, chaque capitaine a ses prédilections; il conduit son navire dans le parage qui lui parait être le plus poissonneux, et immédiatement on se prépare à pêcher. En conséquence, le navire réduit sa voilure; il ne conserve que celle qui est rigoureusement nécessaire, soit pour s'éloigner de la côte quand la dérive l'y entraîne un peu trop, soit pour s'en rapprocher lorsque le vent souffle de terre : d'une façon ou de l'autre, c'est toujours *sous voile* que se fait la pêche à Islande.

Les morues pêchées sont de trois grandeurs différentes : les plus petites, nommées « poissons de côte », se tiennent sur les hauts-fonds, près des côtes ; elles sont aussi plus nombreuses que les autres : les plus grandes, que l'on appelle « poissons de fond », se pêchent principalement à une certaine distance des côtes et à une grande profondeur ; enfin, les morues « moyennes » se rencontrent mélangées parmi les individus des deux autres classes.

Il est une autre espèce de morue (la lingue), qui atteint jusqu'à 1 m. 40 de longueur et dont la chair a huit à dix centimètres d'épaisseur ; celle-là se trouve plus spécialement dans les parages de Faroë ; elle fut importée pour la première fois en France par un armateur de Dunkerque (M. Bray père), qui eut beaucoup de peine, naturellement, à obtenir de ses concurrents l'aveu que cette gigantesque morue était d'aussi bonne qualité que les leurs.

Tout est donc prêt à bord : on a dressé des planches sur le pont, de manière à former un encaissement au centre duquel les pêcheurs jetteront les poissons après les avoir tirés *hors de l'eau;* les voiles conservées sont orientées et amurées, de façon à retarder la dérive si le vent pousse le navire à la côte, ou retarder également sa marche si le vent le pousse au large ; enfin, la barre du gouvernail étant fixée, tous les bras sont disponibles et chacun saisit sa ligne.

Il n'y a que trois hommes à bord qui ne pêchent pas : le *paqueur*, le *saleur* et le *tonnelier*. Ce dernier doit ouvrir, fermer et cercler les tonnes, il a suffisamment de besogne; quant au *paqueur* et au *saleur,* nous allons les voir à l'œuvre dans un instant.

A l'exception de ces trois hommes, tout l'équipage, le capitaine compris, se place, en s'espaçant convenablement, le long des lisses, chacun avec sa ligne ou ses lignes dont le bout libre est amarré au navire. On amorce la première fois les hameçons avec quelques morceaux de poisson (du *flétan*, je crois), pêché à cette intention, *ad usum delphini,* et on lance les lignes à la mer.

Si la morue mord immédiatement, on la hisse purement et simplement à bord; c'est-à-dire que le pêcheur ramène à lui la ligne toute ruisselante d'eau (n'oublions pas qu'elle est grosse comme le doigt), et lorsque la morue est à sa portée, il la saisit par une ouïe; puis, malgré ses vigoureuses gesticulations, il l'assujétit sous son bras gauche; d'un coup de couteau, il ouvre son gosier et sa bouche, en extrait l'hameçon, et rejette le poisson dans l'encaissement dont nous avons parlé. Quelquefois, la morue est si abondante que le pêcheur n'a pas le temps de pratiquer cette incision pour retirer l'hameçon; il faut qu'il accoure à une autre ligne qui réclame une prompte intervention, dans ce cas, il jette tout à la fois derrière lui, dans l'encaissement, le poisson, l'hameçon et la ligne; et alors, c'est le *paqueur* ou son acolyte qui se charge de l'extraction.

Mais le plus souvent, c'est tout le contraire, la morue fait des façons, elle se fait tirer l'oreille (je ne la critique pas, je constate); alors, le pêcheur doit attirer son attention sur l'hameçon en agitant celui-ci : pour cela, il étend, de toute sa longueur, son bras le long de la ligne, et, aussi loin qu'il peut l'atteindre, il la saisit, la ramène à lui, la lâche, la reprend de la même façon, la lâche de nouveau, et recommence ce fatigant travail jusqu'au moment où la morue, sans doute obsédée de tant d'importunités, se décide enfin à répondre à ses avances.

Cette partie du travail ordinaire du pêcheur est la plus pénible : en dehors de la fatigue d'un pareil exercice, la ligne, qu'il hale et largue sans cesse, le couvre d'une eau glaciale contre laquelle son blindage de cuir ne le protége pas suffisamment. Aussi, quand l'heure du repos est enfin arrivée, harassé, transi, il consulte son coffre; et si, par hasard, il y trouve encore quelque tricot qui ne soit pas mouillé, il adresse mentalement un remerciement à la vieille mère ou à « c'te pauvre Sophie ». Dans le cas contraire, si rien n'est sec, un soupir, qui pourrait passer pour une imprécation, remplace le remerciement, et il se couche, avec l'espoir bien fondé de se réveiller, le lendemain, raide comme une barre de cabestan; ce sera l'avant-propos d'un joli rhumatisme. Comment trouvez-vous le métier?

Revenons à la morue : arrivé sur le pont, le poisson est saisi par le *paqueur*, qui lui tranche la tête, et lui ouvre le ventre par une incision longitudinale qu'il pratique depuis l'œsophage jusqu'à l'ouverture opposée; il en retire le *foie,* qui est mis à part dans une tonne: on en extraira plus tard cette huile dont les vertus réparatrices sont très-utilisées depuis quelques années en thérapeutique; jusqu'alors l'huile extraite des *foies de morue* ne servait qu'à la préparation des cuirs. On enlève ensuite la *vessie,* qui sera vendue aux fabricants de *colle de poisson,* et qui, par parenthèse, est un morceau fort délicat, puis les *intestins!* qui vont servir à amorcer les hameçons; ensuite, le *saleur* étend la morue ainsi préparée dans une tonne à sa portée et la saupoudre de deux ou trois poignées de sel; sur celle-ci, il en étendra une autre, puis une autre, et ainsi de suite jusqu'à ce que la tonne soit pleine: le reste est l'affaire du *tonnelier.*

Les *têtes* sont l'objet d'une dissection spéciale: on les divise en plusieurs morceaux, dont le principal, le palais, constitue ce que nous appelons les « *langues de morues;* » tous ces morceaux subissent le même salage et les mêmes préparations que le corps du poisson (1).

Les morues ainsi que leurs sous-produits étant préparés, salés et embarillés, comme il vient d'être dit, peuvent attendre sans inconvénient, l'opération définitive du *repaquage* qui se fera au retour dans quatre ou cinq mois. — Presque toujours, les armateurs n'attendent pas aussi longtemps pour recueillir les premiers produits de la pêche qui sont vendus

(1) Leur valeur gastronomique n'est pas assez connue: peu de personnes à Paris connaissent le mérite d'un plat de langues de morue.

plus avantageusement sous le nom de « morue nouvelle. » A cet effet, ils se réunissent au nombre de quatre ou cinq, ils arment en commun un navire de bonne marche désigné sous le nom de *chasseur*, et l'expédient à Islande, trois semaines ou un mois après le départ de la flottille. Avant de partir, leurs capitaines-pêcheurs sont informés qu'un chasseur se trouvera à telle époque dans telle baie désignée à l'avance, pour recueillir les produits pêchés jusque là; ils s'y rendent donc, et lui remettent ce qu'ils ont de tonnes préparées : ces tonnes sont marquées au nom de chacun des armateurs, afin d'éviter toute confusion; le chasseur met à la voile et les transporte soit à Bordeaux, soit à Marseille, où elles sont vendues pour le compte de chacun.

Pendant la saison de pêche, les journées du matelot-islandais ne se bornent pas, malheureusement, à être pénibles comme celles dont j'ai cherché, plus haut, à donner une idée : le lieu où il pêche est un de ceux que la tempête visite le plus fréquemment, et où elle est également la plus redoutable pour le marin.

Le navire doit se tenir aussi près que possible de la côte; c'est une condition *sine quâ non* de réussite pou la pêche; et c'est, en même temps, la pire de toutes les conditions pour la sécurité de son équipage. Au moindre vent du large, il faut ouvrir l'œil; il faut souvent déguerpir, car sous ces latitudes, tout est à redouter : une brise du large dégénère fréquemment en vent qui souffle en foudre; et alors, si l'on se trouve serré sur la côte, adieu le navire et l'équipage, car la côte abrupte de l'Islande, c'est la mort. Ce sont donc des alertes, une surveillance incessantes; à chaque instant, il faut quitter la ligne pour la manœuvre, et se dépêcher, car encore une fois, la côte c'est la mort.

La grossièreté dans les mœurs et dans le langage du pêcheur islandais, trouve à la fois une explication et une excuse, non-seulement dans son isolement forcé des classes policées, mais surtout dans ses luttes incessantes contre les difficultés matérielles de son existence. Il faut avoir assisté à un de ces moments où la vie de l'homme de mer ne tient qu'à un cheveu, où le sort de tous repose sur la présence d'esprit et l'agilité de chacun, pour comprendre que, dans de pareils instants, la rudesse des actions, l'énergie et le laconisme des paroles doivent être tolérés, car ils sont indispensables au salut commun.

Un ouragan arrive sur le navire avec la rapidité de la foudre ; tout est à faire à la fois : ce sont les produits de la pêche, — le pain pour l'hiver, — qu'il faut mettre en lieu sûr ; c'est un mât à dépasser ; c'est la voilure qui doit être carguée ou amoindrie en quelques minutes, sous peine de la voir emportée en lambeaux ; à moins, pourtant, qu'elle ne résiste, et alors le navire est démâté ou chavire ; ou bien, il va se briser à la côte, tout périt.

Chacun a le sentiment de la gravité de la situation, de la valeur d'une minute perdue ; tous savent qu'une négligence, une lenteur, un défaut d'ensemble dans les manœuvres, auront des conséquences funestes.

Regardez ces quatre ou cinq hommes suspendus au-dessus du gouffre, les pieds appuyés sur une simple corde qui va peut-être se rompre, la poitrine meurtrie par la vergue sur laquelle ils s'efforcent d'assujettir la voile que le vent arrache de leurs mains : une pluie glaciale leur fouette le visage et les transperce jusqu'aux os, l'ouragan les assourdit ; mais ils redoublent d'efforts, car il n'y a pas une seconde à perdre ; le mât craque déjà ; la côte est à deux pas :

« Aurez-vous bientôt fini, là-haut! » hurle le capitaine que l'absolue nécessité de se presser exaspère : ils font pourtant bien tout ce qu'ils peuvent pour aller vite, les pauvres diables. Cependant, ils sont enfin parvenus à étouffer la voile; exténués de fatigue, ils sont sur le point de l'assujettir sur la vergue, lorsqu'au même instant, un cordage rompu, et que l'ouragan lance comme un fouet gigantesque dans toutes les directions, vient les cingler d'un coup à étourdir un bœuf. La douleur leur fait ouvrir les mains; la voile s'échappe, le vent s'y engouffre de nouveau, le mât menace de s'écrouler; tout est à recommencer. Il n'y a qu'un juron formidable qui puisse, en un tel moment, soulager toutes ces poitrines gonflées par la rage, la douleur et l'anxiété; il n'y a qu'une imprécation qui se présente à l'esprit et aux lèvres; et sangdieu! elle éclate depuis le pont jusque sur la vergue.

Le capitaine, dévoré d'inquiétude, est hors de lui. — « Arrive ici, mousse! (v'lan, une gifle) pourquoi n'as-tu pas halé en bas l'écoute qui est cassée?

— « Mais cap'taine, vous m'aviez envoyé...

— « Arrive ici, vermine! (v'lan, un coup de pied qui envoie l'enfant rouler à dix pas) amène cette écoute ou je t'éventre...! » Encore une fois, comment trouvez-vous le métier?

Le mousse court exécuter l'ordre du capitaine; meurtri, les yeux aveuglés par la pluie et par ses propres larmes, il trébuche à chaque pas; un dernier obstacle le fait tomber : c'est Loulou, le chien du bord, son ami, qui, également ahuri par l'ouragan, est venu se réfugier dans ses jambes. L'enfant se relève, pris de rage à son tour; il rend à son bon compagnon le coup de pied qu'il a reçu du capitaine, et lâche, en même temps, le plus horrible juron qu'il ait entendu sur le gaillard d'avant; c'est son premier : il a douze ans.

Quand il en aura quarante, mes amis, ce sera un fameux matelot, dur à la fatigue, dur à lui-même et aux autres : mais ne venez pas chercher dans sa conversation des sujets de barcaroles ou de nocturnes à deux voix à l'usage de vos demoiselles; le pêcheur islandais ne saurait être ce nautonnier sentimental. C'est un rude travailleur sans artifices et sans fard; qui, dans son isolement, n'a jamais eu sur qui ni sur quoi s'appuyer pour lutter contre ses propres passions, quelquefois contre de fâcheux exemples; et, s'il est souvent resté bon, humain, généreux, au milieu d'épreuves dont vous n'avez aucune idée, s'il en est sorti sans y perdre autre chose que le vernis d'un homme bien élevé, c'est un pur miracle.

Cependant, le mois de septembre est arrivé; les morues sont parties ou devenues trop rares; le temps, d'ailleurs, se fait de plus en plus mauvais; il faut plier bagages et regagner Dunkerque. On fait les préparatifs d'appareillage avec empressement dans tous les cas, avec joie si la pêche a été abondante; chaque matelot a laborieusement supputé ce qui lui reviendra pour sa part, — on n'est pas très-fort, à bord, sur le *carcul,* — et, si le résultat des opérations arithmétiques laisse un écart satisfaisant entre le *doit* et l'*avoir*; si, après avoir mentalement appliqué une partie de l'*avoir* au culte de diverses divinités plus ou moins raisonnables de l'Olympe, il reste assez pour penser à la plus aimable d'entre elles, la satisfaction du retour prend les proportions de l'impatience; le visage de notre Islandais s'illumine, sa chique, passant de babord à tribord et réciproquement, témoigne du léger désordre de ses pensées; il chantonne involontairement des romances dans lesquelles le poëte s'occupe, avec indiscrétion, des affaires particulières de Joséphine et de Suzon. Que voulez-vous y faire? c'est sa manière, à lui, d'être tendre.

Enfin! la tour et le phare de Dunkerque apparaissent vaguement tout là-bas; on les devine avec le cœur, plutôt qu'on ne les voit avec les yeux; bientôt ils deviennent plus distincts, et tout-à-l'heure, on reconnaîtra sur la jetée, à son jupon rouge et à son mouchoir blanc, « c'te pauvre Sophie » qui regarde également le navire de tous ses yeux. Des soroës sont agités à tour de bras sur le navire; des mouchoirs répondent de la jetée : voilà, mes amis, une télégraphie qui n'annonce pas des hostilités, je vous en réponds.

Le navire s'engage au milieu des estacades ; il est, comme au départ, suivi en courant par des mères, des épouses, des sœurs ; mais, qu'elles sont heureuses ! Enfin, il est amarré au quai ; ils sautent à terre. .... Retournons, hélas ! à la morue.

Le salage fait à bord n'était pas définitif : à leur arrivée au port d'armement, les morues sont triées en *gros*, *moyen* et *petit* poisson ; elles sont, en même temps, soigneusement lavées, brossées, relavées dans de grandes cuves : ces premières opérations sont confiées à des femmes. Puis, le *saleur* les dépose avec du nouveau sel dans des tonnes qui, une fois bien pleines, sont fermées par le tonnelier : elles sont alors *repaquées*. Dans cet état, elles représentent le produit commercial généralement connu sous le nom de « *morue en sel sec.* »

Quelquefois, la tonne étant fermée, on introduit de la saumure par sa bonde ; c'est alors de la *morue en saumure*, autre produit qui prend rang dans la consommation à la suite du précédent.

Le premier est le *green cod* des Anglais et des Américains ; le second est le *picked cod.*

Supposons que le navire que nous avons suivi depuis son armement jusqu'à son retour à Dunkerque, y ait rapporté une pêche *bonne moyenne*, le compte de l'armateur pourra se balancer de la manière suivante :

Vente des produits de la pêche	f. 30,000	
Primes payées par le gouvernement sur l'équipage et les produits............	1,000	33,000
Objets d'armement, vivres, etc., rentrant en magasin, et qui serviront à la prochaine campagne....................	2,000	
A déduire : les frais détaillés (page 45.)...........		21,000
Bénéfice de l'armateur..........		12,000

La consommation de la morue, à Paris, diminue plutôt qu'elle n'augmente; elle y dépasse à peine, aujourd'hui, un demi kilogramme par tête d'habitant et par année, c'est-à-dire la moitié seulement de la moyenne générale de consommation de cet aliment en France.

L'extrême facilité que trouve le Parisien à se procurer des aliments frais, fait qu'il abandonne tous les jours, de plus en plus, l'usage du poisson salé; et puis, les salaires sont plus élevés à Paris que partout ailleurs; les goûts, aussi, y sont plus raffinés dans la classe ouvrière.

De la morue! fi donc! dit le limousin, qui vivait naguère de pain noir dans son pauvre village.

Eh bien! mon ami, tu en mangeras de la morue, et malgré toi! pense l'industrieux restaurateur parisien, qui sait tirer parti de tout, même d'une exigence : et en effet, si la fortune volage ou tout autre motif vous met dans le cas de chercher votre dîner dans un modeste restaurant à vingt-deux sous (deux plats au choix, un dessert, demi-bouteille, pain à discrétion), demandez au garçon :

— « Quel poisson avez-vous?

— « Monsieur, nous avons de la morue à la hollandaise.

— « De la morue! fi donc! dites-vous comme le limousin.

— « Ah! très-bien », se dit le garçon; et puis tout haut : — « Nous avons aussi du turbot au gratin, mais il y a un supplément de 20 centimes.

— « A la bonne heure, que ne le disiez-vous? donnez-moi donc un turbot au gratin.

— « Un turrrbot grrratin, crie le garçon dans la coulisse.

— « Booom! » répond une voix sépulcrale. — S'il vous était permis de jeter alors un coup-d'œil dans le *sanctum sanctorum* de votre restaurant, vous verriez le *chef* puiser, dans la marmite affectée à la morue hollandaise, une portion de ce gadoïde, l'envelopper d'une épaisse beurrée de chapelure de pain; et un instant après, le retirer du feu métamorphosé en *pleuronecte*.

— « Enlevez turrrbot demandé! » hurle-t-il à son tour du fond de son laboratoire.

Vous mangez votre portion de ce pseudo-turbot avec le plus grand plaisir; car, même dessalée à outrance, la morue est toujours excellente; et vous vous demandez, en souriant, comment le public est assez bête pour payer deux francs, au café Riche, une portion de turbot que l'on peut avoir moyennant dix sous dans votre petit restaurant : la foi est une belle chose.

Jusqu'à présent, je ne vous ai pas entretenus de la pêche de la morue à Terre-Neuve; et je n'en ferai rien; car autant la pêche et le pêcheur d'Islande sont inconnus à la plupart de ceux que ces questions intéressent, autant l'histoire de la pêche à Terre-Neuve est répandue : je n'aurais donc fait que vous répéter, dans un plus mauvais style, ce que vous avez lu ou pourrez lire dans d'excellents recueils.

Cependant, je crois devoir appeler votre attention sur cette différence entre les deux modes de pêcher : qu'à Islande, le navire pêche constamment *sous voiles,* ce qui augmente et multiplie les dangers courus par son équipage; tandis qu'à Terre-Neuve, une grande partie de l'équipage est débarquée pour faire *sécher* la morue; une autre partie s'embarque, pour pêcher, dans des chaloupes qui ne sauraient prendre la mer par les mauvais temps. Les équipages terreneuviens ne sont donc pas, en somme, aussi exposés que les pêcheurs Islandais; mais, pêcher à Terre-Neuve, n'est pas pour cela une sinécure. Des brouillards épais et persistants couvrent fréquemment les bancs où se pratique la pêche; il arrive alors que les chaloupes s'égarent; et parfois, trop éloignées pour entendre les coups de canon qui sont tirés à terre pour diriger leur marche, elles restent, des semaines entières, dans la plus triste situation avant de pouvoir regagner les *sècheries* ou leurs navires : quelques-unes ne reviennent plus.

Voilà la pêche de la morue, mes amis; si d'aventure, il vous est arrivé de vous apitoyer sur le sort des ouvriers ébénistes, des cochers de fiacre, et *tutti quanti* qui se mettent en grève, se plaignent et menacent parce que, ne gagnant que cinq francs par jour, ils ne peuvent riboter que deux jours par semaine, que direz-vous du sort de nos pêcheurs, des Islandais surtout dont vous ne connaissez pas encore toute la misère? ne trouvez-vous pas qu'ils auraient infiniment plus de raisons pour se plaindre, ces ilotes du prolétariat moderne; ces hommes à qui l'État rive un boulet au pied, du jour, où, enfants, ils posent ce pied sur un navire; ces hommes qui, dès lors, ne s'appartiennent plus, qui n'ont jamais fini de payer leur dette sociale, tandis que votre ébéniste l'aura payée par sept années de service militaire? les parts sont-elles égales?

Aussi, comme la réflexion finit, tôt ou tard, par pénétrer dans les cervelles les plus épaisses, ce type de l'Islandais commence à se perdre; il disparaîtra bientôt des ports du Nord de la France, si l'on ne fait rien pour améliorer sa condition : un grand nombre de ces *Islandais* ont déjà abandonné la pêche : les uns pour naviguer au long cours ou au cabotage; ce ne sont plus alors que des marins ordinaires; les autres, affriandés par la tranquillité et le confortable relatifs de la vie manufacturière, sont devenus des ouvriers dans les usines récemment créées à Dunkerque; ils y resteront jusqu'au moment où le commissaire et les gendarmes que vous savez viendront les en arracher, et les enverront à Brest ou à Cherbourg, frotter les cuivres et briquer le pont d'une frégate blindée. Conséquence fort grave; en entrant dans ces nouvelles fabriques, ils y ont introduit à leur suite, des enfants qui, auparavant, les suivaient à la pêche et devenaient comme eux d'incomparables marins.

Deux causes principales motivent donc cette désertion : la première repose sur l'éventualité d'une suffisante rémunération des fatigues supportées, des dangers courus par les pêcheurs. En effet, des deux conditions ordinaires d'embarquement qui lui sont offertes : au *last* ou au *mois,* celle que le véritable Islandais affectionne par tempérament, et qui convient également beaucoup à son armateur, c'est la prime, ou en d'autres termes, tant par tonne de morue pêchée. Le marin, en partant, compte sur sa bonne étoile qui va lui faire rencontrer beaucoup de poisson; il se propose aussi de ne pas épargner sa peine; et il voit déjà ses efforts récompensés au retour par une jolie moisson qui fera bouillir la marmite pendant l'hiver. Hélas! il arrive trop souvent au pauvre matelot ce qui nous arrive à tous, tant que nous sommes : les fleurs de son espérance ne produisent que des épines; en termes plus précis, au lieu de rencontrer beaucoup de morues, il en trouve très-peu; ou bien, c'est une continuité de mauvais temps qui rend la pêche impossible. Il en résulte alors, qu'au lieu de rapporter les dix *lasts*, par exemple, qui devaient faire bouillir la marmite, il n'en rapporte que trois dont le solde couvre à peine les avances qui lui ont été faites au départ par son armateur. Celui-ci n'est pas aussi désolé qu'il voudrait bien le paraître, attendu que, la morue étant rare, le produit des trois *lasts* sera égal, ou à peu près, au produit de la vente des dix *lasts* si le poisson avait été abondant.

Le pêcheur, qui n'a rien à voir dans cette agréable compensation, rentre dans sa famille avec un reliquat de compte insuffisant pour payer les petites dettes contractées pendant son absence : c'est la misère la plus noire qui revient avec lui; et, s'il ne trouve pas à s'embarquer, elle ne quittera son foyer qu'au mois de mars suivant, lorsqu'un nouvel engagement pour Islande lui procurera l'avance de quelque argent et fera scintiller de nouveau, à ses yeux, le clinquant de sa fameuse étoile.

La seconde cause qui détourne le marin de la pêche d'Islande, prend sa source dans sa vive appréhension d'un résultat qui n'a rien d'aléatoire; qui arrive à coup sûr et beaucoup plus vite pour le pêcheur islandais que pour tous les autres marins : c'est la vieillesse.

La vieillesse de l'Islandais est hâtive : des douleurs précoces, des rhumatismes, mille maux sont la conséquence presque inévitable de la nature de ses travaux. Il devient, avant l'âge, incapable de continuer sa profession. Vieux et infirme, il est bientôt hors d'état de gagner sa subsistance, si misérable qu'elle soit : il regarde alors de tous côtés, et ne voit d'autre refuge, jusqu'à la mort, que sa famille infiniment trop nombreuse déjà : la pauvreté est prolifique. Chacun y apporte, par le travail, sa part du maigre pain quotidien; lui seul est une bouche inutile, un parasite qui sera d'abord accueilli cordialement, à bras ouverts, puis supporté, et à qui, bientôt, on ne pourra plus dissimuler qu'il est une lourde charge.

La grande famille ne devrait-elle donc pas offrir à ce pauvre vieux pêcheur un morceau de pain moins dur et moins amer? Ne devrait-elle pas se souvenir, comme me le disait mon ami Alphonse Bray, que cet homme qui traîne honteusement aujourd'hui ses guenilles de porte en porte, a consacré à son service, — et quel service! — l'existence d'un « déshérité » ? A-t-il pu, le malheureux, participer aux bienfaits de toutes les institutions qui améliorent le sort du travailleur et protégent son avenir? à quelle école a-t-il pu confier le soin de développer son intelligence? à quelle source lui a-t-il été donné de puiser les moyens de modifier sa misérable condition? — Education, instruction, tout lui a fait défaut; c'est d'ailleurs, la seule manière d'expliquer la résignation de cet homme à consacrer sa vie, pour le plus modique salaire, aux plus redoutables labeurs.

Pour l'honneur de l'humanité, et plus spécialement pour l'honneur de ceux qu'il a enrichis, on ne saurait lui refuser ce qu'il demande :

Un toit, du pain, et — un peu de patience! — dans quelques jours, quatre planches de sapin.

CHAPITRE III

LA GRANDE PÊCHE (SUITE).

LE HARENG

Le hareng, cet être infime parmi les êtres de la création, ce gringalet, cet avorton, ce petit poisson dont vous avez cent fois maudit les nombreuses arêtes, est pourtant, comme le dit Lacépède, « une de ces productions naturelles dont l'emploi décide de la destinée des empires. » Le hareng est, en effet, un de ces agents aussi singuliers que puissants, que la Providence met en jeu, à de longs intervalles, pour faire doubler les étapes de l'humanité dans la voie de la civilisation.

De même que la découverte de l'Amérique, de l'imprimerie, du coton, de la houille et de la vapeur, il a fait date, comme un grand événement social, dans les destinées du genre humain. C'est à lui, c'est au hareng, que nous sommes redevables du premier grand mouvement commercial qui se soit manifesté parmi les peuples européens. « Le thé, le café, le ver à soie, ont moins influé sur les richesses des nations que le hareng de l'Océan septentrional. »

A quelle époque faut-il faire remonter l'idée première qui permit à cet aliment de jouer un rôle aussi important dans l'histoire des destinées humaines? Quel est celui qui, le premier, en salant ce poisson, songea à le transformer en un comestible d'approvisionnement, et, conséquemment, en un objet d'échange qui pût être transporté par toute la terre? — C'est ce que l'on ne saurait préciser.

Il est certain que des aliments ont été conservés au moyen du sel depuis les époques les plus reculées, et l'on ne comprendrait pas que la pensée d'appliquer ce condiment à la conservation du poisson, ne fût venue à personne avant le XIVe ou le XVe siècle, si l'on n'avait pas vingt exemples semblables de découvertes laissées par des générations successives, soit dans l'oubli, soit sous le boisseau. Les Italiens appellent *ritrovato* (retrouvé) ce que, dans notre orgueil ou notre mauvaise foi, nous appelons *invention*. Une heureuse périphrase française exprime assez bien ce sentiment : « il n'y a de nouveau, dit-elle, que ce qui a été oublié. »

Cela s'applique parfaitement à l'invention du salage du hareng. Des documents, — des arrêts royaux, — témoignent que dès le XIIIe siècle, on s'occupait en France de réglementer le commerce du hareng *salé;* et ces arrêts ne semblent pas indiquer que ce salage du hareng fût une découverte récente à cette époque. Cependant, ce n'est que deux ou trois siècles plus tard, que la Hollande, émerveillée des immenses richesses que cette industrie lui procurait, en rechercha l'auteur et le découvrit, — ou crut le découvrir, — dans la personne d'un de ses pêcheurs, mort cent ans auparavant.

L'obscurité de cet homme, son manque présumable d'instruction et de relations, doivent faire admettre déjà qu'il fut certainement de la plus entière bonne foi, et qu'il ne saurait être confondu avec ces impudents plagiaires, ces voleurs de célébrité dont notre époque fourmille. De ce chef seul, son *ritrovato* méritait l'estime, si ce n'est la reconnaissance de ses contemporains : mais il n'en fut rien; car c'est seulement, je viens de vous le dire, une centaine d'années après sa mort que la Hollande s'occupa de lui.

Quand une heureuse idée a germé dans la tête d'un homme, le plus souvent, elle le réduit à l'état le plus misérable : le malheureux use tout ce qu'il possède de persévérance pour en démontrer l'utilité à ses contemporains, pour leur faire comprendre les avantages qu'ils pourraient retirer de son application. Il crie, il s'épuise, mais en vain; il ne parle pas seulement à des oreilles de marbre, il s'adresse à des cœurs également glacés. Ses contemporains rudoient ou regardent de travers ce perturbateur de leur somnolence, et lorsqu'il meurt : « Ouf! disent-ils, voilà un braillard de moins. »

L'indifférence qui a empoisonné sa vie, ne peut rien sur son idée; elle est invulnérable, éternelle ; elle dort ou sommeille pendant des années, mais fleu-

5

rit et fructifie à son heure, c'est-à-dire lorsqu'un besoin ou un simple hasard dévoile tout à coup sa valeur. — L'heure a également sonné de glorifier son auteur ; les nouvelles générations déploient alors une ardeur extrême à exalter la mémoire du pauvre mort ; on fouille les ossuaires pour retrouver sa poussière, on se dispute l'honneur de la posséder et on lui compose une pompeuse épitaphe.

C'est l'histoire, parmi tant d'autres, de l'inventeur présumé de la conservation du hareng : nos historiographes nous apprennent que cet inventeur du *salage* et de l'*encaquage* du hareng se nommait Guillaume Buckels, et en latinisant son nom suivant la mode de l'époque : *Buckelszius;* selon d'autres, *Buckeldius*. De leur côté, les Hollandais disent que le nom de ce citoyen était Guillaume *Deukelszoon* (1) : Boxhorn était affirmatif à ce sujet. Dans cette divergence d'opinions, il ne faut voir que le résultat de la corruption progressive de l'orthographe et de la prononciation de ce nom ; et je me range, bien entendu, du côté de Boxhorn et des Hollandais qui devaient savoir, mieux que personne, comment se nommait celui à qui, un siècle après sa mort, ils élevèrent une statue.

Ce n'était pourtant qu'un modeste pêcheur que ce Guillaume Deukelszoon, un homme aussi simple de sa personne qu'un pêcheur de hareng peut l'être ; mais le service que sa découverte rendit à l'huma-

(1) En Hollandais, fils de Deukels ; de même qu'en Anglais Davidson veut dire : fils de David.

nité, et plus spécialement à la Hollande, fut enfin apprécié à une telle valeur par son pays, terre classique du positivisme, qu'on lui érigea, dis-je, une statue à Biervliet, village où l'on suppose qu'il fut enterré.

A l'époque où on lui décernait ce triomphe posthume, cinq cent mille personnes, c'est-à-dire le quart de la population totale de la Hollande, vivaient de l'industrie qu'il avait créée. Un demi-siècle après, son souvenir était encore tellement vivace en Hollande, que Charles-Quint, parcourant la Zélande en compagnie de l'ex-reine de Hongrie, sa sœur, alors gouvernante des Pays-Bas, ne crut pas pouvoir faire mieux, pour être agréable aux Hollandais, que de visiter pompeusement le tombeau de Deukelszoon; et, comme c'était un empereur aussi pieux que politique, il ne manqua pas d'y réciter ses patenôtres pour le repos de l'âme du célèbre pêcheur.

Cette idée de vider, nettoyer un hareng, de le mettre ensuite avec du sel dans un baril, dans une *caque*, et, par le fait, de le convertir en un produit alimentaire qui pourra attendre, sans se corrompre, le bon plaisir de son consommateur; cette idée, dis-je, est d'une simplicité extrême, incontestable; pourtant, il a fallu que des siècles de disette s'accumulassent sur des siècles de famine, avant que, archi-simple comme elle l'était, cette idée vînt éclore dans la cervelle d'un pauvre pêcheur de harengs.

Elle eut une portée immense : jusque-là, les populations riveraines de la Baltique et de la mer du

Nord, après avoir vécu copieusement de hareng pendant la durée du passage de ce poisson, devaient laisser échapper, sans en profiter davantage, des bancs entiers, des véritables îles flottantes de ce précieux aliment. Mais aussitôt que Deukelszoon leur eut enseigné le moyen de le conserver, la pêche côtière prit des proportions inouïes ; elle se métamorphosa en grande industrie. De son côté, le pêcheur se transforma en fabricant, et ses produits, rendus transportables, pénétrèrent jusqu'au bout du monde et devinrent l'objet d'un commerce de premier ordre.

Les Hollandais équipèrent d'immenses flottes de 2,000 *buyses* qui poursuivirent le hareng sur les côtes d'Ecosse, aux îles Shetland, aux Orcades, partout enfin où il dirigeait ses grandes migrations. Cinq ou six cents grandes galiotes accompagnaient ces pêcheurs; c'était les usines dans lesquelles on préparait, d'après les procédés de Deukelszoon, les produits de la pêche. Plus de 200 mille marins étaient embarqués sur ces divers navires; et ces flottes de pacifiques pêcheurs ne tardèrent pas à devenir la pépinière qui produisit la plus redoutable marine du XVIIe siècle. Tromp put, un jour, sans trop de présomption, arborer, à la pomme du grand mât de son vaisseau-amiral, un *balai* en guise de pavillon. Ce balai, emblême de l'omnipotence de la Hollande sur les mers, fut, plus d'une fois, le singulier nuage qui obscurcit les rayons de notre roi-soleil. Il n'a fallu, mes amis, que des harengs, du sel et..... une idée, pour créer de longue main, et faire surgir à un moment donné, les plus sérieux adversaires de la plus pompeuse des royautés.

C'est le hareng, ce méchant petit poisson, qui, autant que ses digues, fit la Hollande ce qu'elle est. Un dicton, que les Hollandais répètent avec une orgueilleuse satisfaction, nous apprend que l'opulente ville d'Amsterdam est « bâtie sur des arêtes de harengs. »

Richesse pour un grand nombre, travail ou bien-être pour tous, voilà ce qu'a produit ce petit poisson qui vient, avec une imperturbable régularité, remplir, tous les ans, nos magasins d'immenses approvisionnements.

Aujourd'hui, la pêche du hareng n'est plus, il s'en faut, une industrie exclusivement hollandaise : chaque nation maritime de la Manche, de la mer du Nord et de la Baltique a ses bateaux-pêcheurs qui vont, aux époques de passage, chercher les harengs sur les côtes du nord de l'Écosse. Les Ecossais ont pris la place des Hollandais, quant à l'importance du chiffre de production de cette denrée alimentaire ; ils exportent maintenant les harengs salés dans tous les pays d'outre-mer qui étaient, autrefois, les tributaires des marchands hollandais : ce revirement dans la situation réciproque des deux contrées, est encore une des conséquences du blocus continental et des guerres du premier empire, qui laissèrent carte blanche aux Anglais pour implanter solidement leur industrie ainsi que ses produits dans des pays qui, auparavant, étaient accessibles au commerce de toutes les nations. Ils eurent tout le loisir désirable de diriger progressivement, sur telle ou telle industrie spéciale, leurs capitaux, leurs idées et leurs bras ; d'autre part, sous la protection des canons de leurs frégates qui tenaient les concurrents à distance, ces mêmes produits s'écoulaient aux meilleures conditions, et, lorsque la paix se fit, lorsque la porte du grand lazaret européen s'ouvrit enfin, les autres nations, n'ayant plus ni industrie, ni ouvriers, ni capitaux, ayant perdu depuis longtemps l'habitude des affaires, se trouvèrent en présence d'un colosse qui s'était tranquillement développé pendant qu'elles s'étiolaient dans l'oisiveté de leur quarantaine.

Ce sont donc les Écossais qui, aujourd'hui, sont maîtres de la position; il faut dire, d'ailleurs, que l'industrie de la pêche du hareng semble leur appartenir de droit naturel, car c'est chez eux, sur leurs côtes, que ce poisson se dirige de préférence, dans la première période de ses pérégrinations.

Les Hollandais ont pourtant conservé une supériorité incontestable dans la qualité de leurs produits : ils soignent l'encaquage et surtout le saurissage de leurs harengs ; ils emploient, par exemple, du sel parfaitement sec, tandis que les autres nations, notamment les Français, ne craignent pas de se servir, dans leur salage, de sel de mauvaise qualité, déliquescent, qui rend les harengs impropres à l'exportation.

Tandis que les Écossais arment, chaque année, de deux mille cinq cents à trois mille bateaux pour la pêche du hareng, la France n'en envoie sur leurs côtes que la sixième partie : ces cinq cents bateaux, d'un tonnage moyen de trente tonneaux, sont montés par sept ou huit mille marins (dont mille mousses) et rapportent environ vingt millions de kilogrammes de harengs (1), lesquels représentent une valeur d'environ cinq millions de francs et sont entièrement consommés par le pays : nous n'exportons rien.

Sur cette quantité, Paris consomme exactement sa part; c'est-à-dire le vingtième, qui est précisément le rapport de la population de Paris avec la population générale de la France. Les chiffres qui précèdent ne concernent que les harengs *conservés;* les harengs *frais*, pêchés sur nos côtes, ne figurent pas dans les quantités énoncées.

Il serait oiseux de faire une description du hareng; chacun de nous le connaît, en a mangé cent fois et a pu s'apercevoir, alors, que ce *clupe* avait un grand nombre d'arêtes d'une ténuité extrême : c'est un de ses caractères distinctifs. La femelle du *clupea harengus* n'est pas aussi féconde que celle de la morue; cependant le nombre de ses œufs atteint le chiffre assez respectable de 30,000 suivant les uns, de 60,000 suivant les autres; si vous ajoutez à cela que le nombre des femelles est à celui des

(1) Le poids d'un hareng varie entre 100 et 180 grammes, suivant sa taille, et suivant qu'il est *œuvé* ou *laité*; soit 140 grammes en moyenne. Le nombre des harengs *conservés* importés par nos pêcheurs, serait donc de 140 millions environ ; c'est-à-dire qu'en France, on consommerait chaque année, et par tête d'habitant, trois harengs et demi, soit fumés, soit salés : c'est bien peu.

mâles comme 7 est à 3; vous conviendrez que les éléments de reproduction, chez ces poissons, ne laissent rien à désirer.

Les naturalistes ne sont pas d'accord sur la cause de l'apparition à des époques différentes, et sur des points opposés, de ces immenses réunions de poissons qui, pressés les uns contre les autres, comme des harengs qu'ils sont, forment des bancs dont la longueur atteint parfois plusieurs lieues, et dont la largeur a celle de nos plus grands boulevards.

Les uns pensent qu'aussitôt l'éclosion des œufs, les petits harengs s'enfoncent dans les profondeurs de la mer où ils trouvent, sans quitter les parages de leur naissance, la nourriture qui leur est propre; ls y croissent, prennent un aimable embonpoint, et reparaissent à la surface, à l'époque où le besoin de la reproduction se faisant sentir, ils doivent chercher, sur les côtes, des endroits propices, échauffés par le soleil, où ils puissent déposer leurs œufs et les féconder. Ils seraient alors (ils sont en effet) vivement pour chassés par des bandes de chiens-de-mer (1) qui obligent leurs colonnes à fuir devant eux.

Les autres affirment que le hareng, après sa sortie de l'œuf, prend le chemin de la demeure de ses pères, les régions polaires, qui lui fournissent une nourriture spéciale; et que, la quantité de cette nourriture diminuant à mesure que la taille et la voracité du poisson augmentent, il arrive un mo-

(1) L'Aiguiliat, l'Emissole et la Roussette.

ment où la population harengère doit *essaimer*, envoyer au loin, vers le Sud, des bandes innombrables de harengs qui viendraient ainsi chercher fortune sur nos côtes.

Plusieurs raisons font croire que cette dernière hypothèse n'est pas fondée : d'abord, il est démontré que les harengs sont très-rares vers le pôle, sur les côtes du Groënland; si ces parages étaient effectivement leur séjour de prédilection, il est certain que les Groënlandais, qui sont d'admirables pêcheurs, en recueilleraient de grandes quantités; ce qui n'est pas : en second lieu, nos pêcheurs, qui suivent les bancs de harengs depuis leur apparition, n'ont jamais vu leurs colonnes retourner vers le Nord, mais bien se diriger constamment vers le Sud, où elles disparaissent tout à coup à la hauteur du quarante-cinquième degré de latitude : ajoutons que, toute l'année, on trouve sur les côtes de la Manche des quantités notables de harengs *sédentaires;* ce qui prouve que les régions polaires ne leur sont pas indispensables.

Faut-il donc admettre la première supposition, et croire que tous les ans, au printemps, de même que les troupeaux de vaches gagnent les parties élevées du Jura et des Alpes, les harengs abandonneraient le fond des vallées sous-marines, remonteraient leurs versants, et viendraient chercher à la surface, le long des côtes, un endroit favorable pour la ponte et la fécondation de leurs œufs? Puis, ce qui resterait de leurs innombrables légions, après le carnage qu'en auraient fait les hommes et les squales, redescendrait aux pâturages sous-marins et y resterait jusqu'au printemps de l'année suivante, pour remonter avec les recrues, avec le contingent de la classe précédente.

Quelle que soit la cause de ces mystérieuses migrations, — ou apparitions, comme on voudra les appeler, — il est fâcheux de ne pas la connaître ; on y trouverait peut-être un enseignement, un jalon qui permettrait de se diriger dans les voies encore si obscures de la culture des poissons marins. — « La nature est infiniment étendue, et je suis un homme très-borné, dit Bernardin de Saint-Pierre ; non-seulement son histoire générale, mais celle de la plus petite plante, est bien au-dessus de mes forces. » Il n'est que trop vrai : le plus ignorant des harengs pourrait apprendre des choses bien utiles au plus savant d'entre nous ; mais il est, hélas ! muet comme un poisson.

Les pêcheurs de harengs suivent assez régulièrement le même itinéraire : chaque année, ils quittent dans le courant de juillet, les ports de la Hollande, de la Norwège, de l'Angleterre, de la France, et se rendent d'abord au nord de l'Ecosse, dans les innombrables pertuis de l'archipel des Orcades et des Shetland. Ils y pêchent pendant les deux mois d'août et de septembre ; à la fin de ce dernier mois, ils redescendent la mer du Nord, et enfin, ils retrouvent encore les harengs sur les côtes de la Manche pendant les mois de novembre et de décembre. La pêche de ce poisson dure donc cinq mois pleins ; elle est interdite après la fin de décembre.

Le gouvernement français s'efforce de mettre un terme ou du moins des obstacles à un abus qui consiste à expédier, à peu de frais, sur les lieux de pêche, un bateau monté par un faible équipage; là, au lieu de pêcher lui-même, ce bateau achète aux pêcheurs écossais ou norwégiens les quantités de harengs qui lui sont nécessaires; et au retour, en place du produit d'une industrie française, il introduit, en France, celui d'une industrie étrangère, qui n'a pas, pour origine, un échange de denrées, mais qui a été acquis contre valeur monétaire. En dehors de cet inconvénient économique, il en est un autre beaucoup plus grave : au lieu de nombreux pêcheurs, le bateau qui achète son poisson n'embarque que les hommes strictement nécessaires à sa manœuvre; conséquemment, c'est une carrière qui se ferme pour nos populations maritimes, c'est une excellente occasion perdue de former des marins, tout en fo nissant, à nos rivaux, des débouchés qui leur permettent d'augmenter le chiffre de leurs armements et, par suite, la force de leur marine.

En sus de plusieurs précautions purement administratives, l'État envoie, sur les lieux de pêche, des petits navires de guerre qui ont pour mission de surveiller les pêcheurs et de s'opposer à ces achats de poisson. Mais que peut voir, que peut faire un pauvre navire au milieu des évolutions de trois ou quatre mille bateaux qui n'opèrent souvent que la nuit? Aussi, les pêcheurs n'ont pas, lorsqu'ils causent entre eux, tout le respect désirable pour ce représentant lointain de l'autorité de la métropole ; il faut les entendre se héler :

— « Hê ! de la *Marie-Joseph*, hê !

— « Hê !

— « Avez-vous rencontré le *Sauve-la-France ?*

— « Hê ! de l'*Aimable-Aglaé !*

— « Hê !

— « Quelles nouvelles de la *Ma-Santé-avant-tout ?* »

Ces petites facéties matelotesques aident un peu à supporter l'existenee dans des parages où les sujets de distraction ne sont pas nombreux, et encore moins variés ; elles ne sauraient faire oublier aux pêcheurs les services que ces petits navires leur rendent dans des moments critiques, et la réputation des officiers de notre excellente marine militaire ne peut en éprouver le moindre préjudice.

Par une belle nuit d'été, lorsque la mer est calme, c'est un magnifique spectacle que ces milliers de bateaux, avec leurs fanaux allumés, qui envoient, sur les rides de l'eau, de longues traînées de paillettes lumineuses; la mer est comme cousue d'or. Le ciel n'a pas un nuage; et pourtant voilà un éclair blafard qui vient d'illuminer, là-bas, la noire profondeur de la nuit; puis un autre; en voici encore un autre ; qu'est-ce donc?

Abaissez vos regards; voyez au loin ce remous qui fait parfois saillie sur la mer et qui s'avance vers nous; le voilà qui semble s'allumer et il s'éteint aussitôt; il s'illumine encore, et sa lumière qui se projette au ciel ne tarde pas à disparaître : c'est un banc de harengs qui approche. Mus par ce sentiment bizarre qui pousse les oiseaux, les poissons, et tous les animaux qui voyagent par troupes, à exécuter simultanément la même manœuvre, les harengs se penchent tous à la fois sur le côté; des milliards de ventres d'argent poli sont alors frappés par la lumière confuse de la lune et des étoiles; ils renvoient au ciel les lueurs qu'ils lui ont empruntées; les poissons se retournent; tout rentre dans l'obscurité. D'autres attribuent à des phosphorescences intermittentes de la mer, le phénomène de cet éclair : quelle que soit ta cause, sois le bienvenu, éclair d'heureux augure, car c'est l'abondance et non la tempête qui te succède !

Aussi, voyez comme tous les bras sont actifs! la lumière du fanal qui attire, dit-on, le poisson, est ravivée; l'immense *Tessure*, filet composé de plusieurs pièces, est lancée à la mer; son poids la fait disparaître sous l'eau; mais aussitôt les *flotteurs* remontent à la surface et maintiennent le filet dans la position verticale; c'est une longue barrière de cinq cents mètres qui s'opposera, tout-à-l'heure, à la marche de la colonne des harengs. Le filet mis en place, le bateau continue à dériver; on allume sa pipe et on attend.

On n'attend pas longtemps, car voilà des légions d'oiseaux de mer qui viennent planer, en poussant leurs cris sauvages, au-dessus de la tessure; tout fait présumer que les harengs y ont donné en plein; on va donc la haler à bord. Lorsqu'elle commence à sortir de l'eau, les pêcheurs voient miroiter, à la lueur du fanal, toute la joaillerie que la nature a répandue sur les écailles des poissons; la tessure en est criblée : hourrah! il y en a mille, cinq mille, dix mille; halons toujours, nous avons autre chose à faire que de les compter.

Une partie de l'équipage remonte le filet dans le bateau, soit en halant sur le *halin*, soit en virant au cabestan. Dix mains en arrachent lestement les poissons dont la tête est accrochée par les ouïes dans les mailles; on en arrache également quelques chiens-de-mer qui y sont tombés en poursuivant les harengs : ce sont, à tous les titres, les ennemis du pêcheur; ils dévorent *son* poisson; ils rompent, déchirent ses filets; aussi, lorsqu'il en tient un, avec quelle satisfaction il lui brise la tête sur la lisse de son bateau, et quels noms il lui donne!

Enfin, la cueillette est terminée; le filet est rejeté à la mer, ou mis dans la soute suivant les cas; on allume une nouvelle pipe; mais cette fois-ci, on n'attend plus en se croisant les bras; on a, ma foi, bien autre chose à faire.

Chacun saisit un hareng, lui ouvre la gorge d'un coup de couteau, et par cette ouverture, fait sortir les entrailles du poisson; c'est l'opération que nous voyons pratiquer par nos cuisinières sur les harengs frais, avec cette différence, que l'équipage qui en a peut-être dix-mille à préparer de cette façon en quelques heures, s'en acquitte beaucoup plus lestement, et conséquemment avec moins de minutie.

Plus voraces et aussi impudents que les poules de

nos basses-cours, les mouettes, les goëlands et tous les autres oiseaux qui suivent les migrations de harengs, assaillent le bateau pendant toute la durée de cette opération. Ils attrapent au vol les *issues* que le pêcheur lance à la mer; quelques-uns poussent la hardiesse jusqu'à lui arracher le poisson des mains. Mais le pêcheur est plein d'indulgence pour l'oiseau de mer : c'est son allié, son oracle, son Mathieu de la Drôme; c'est par lui qu'il croit apprendre les changements du vent, le départ ou l'arrivée des harengs; et puis (cette dernière raison me plaît moins) il faudrait avoir tué père et mère pour en manger.

Après avoir été vidé, le hareng est placé avec du sel, et par couches alternatives dans une espèce de baril qui se nomme *caque* : il est alors *caqué* ou *encaqué*. D'autres fois, on se contente de le mettre *en vrac* (pêle-mêle) dans la cale du bateau, mais toujours avec du sel; c'est alors du hareng *braillé*. Dans les deux cas, il peut être conservé jusqu'au moment où, le bateau étant de retour à son port d'armement, on lui fera subir une préparation définitive.

Quand ce travail est terminé, quelquefois avant, il est temps de relever la tessure. On procède à cette opération comme nous l'avons vu faire tout-à-l'heure; de nouveaux harengs sont recueillis et préparés de la même façon, et l'on continue ainsi à pêcher et à saler jusqu'à ce que le bateau ait son plein chargement de poisson; ou bien, jusqu'au moment où le hareng disparaît pour ne revenir que dans un an : le temps de la ***harengaison*** est passé.

La disparition du hareng a d'autres causes que l'époque périodique de son départ : les canonades des navires de guerre suffisent pour le décider à quitter un parage ; et pardessus tout, les grondements et les éclats de la foudre paraissent exercer sur lui la plus fâcheuse impression. — On voit alors une véritable panique se manifester dans les bancs qui ne tardent pas à se disperser.

C'était autrefois une fête solennelle à Amsterdam, lorsque les premiers harengs de l'année y arrivaient; l'heureux pêcheur qui, le premier, apportait des produits de la pêche, était l'objet d'une véritable ovation, et recevait, en même temps, une récompense plus substantielle. Aujourd'hui, les choses se passent beaucoup plus simplement; l'ancien usage de fêter le premier hareng est tombé en désuétude. En France, nous sommes toujours restés assez froids à tout ce qui concerne le poisson; nous n'avons jamais eu, d'ailleurs, d'aussi bonnes raisons que les Hollandais pour faire du *clupea harengus* le symbole, le fétiche de la prospérité de la nation.

Quand un bateau arrive avec son chargement de harengs caqués ou braillés, c'est-à-dire ayant reçu un salage provisoire, on débarque le poisson et on le transporte dans des ateliers distincts où il va être transformé en deux produits différents :

Les harengs *pecs* ou salés ;

Les harengs *saurs* ou salés et fumés.

Les harengs *pecs* se préparent de la même façon que la morue en saumure (*picked cod*) : à son arrivée, on les lave à grande eau, puis on les empile dans des barils par couches alternatives avec du sel; les barils étant fermés et cerclés, on y introduit de la saumure par la bonde. Le hareng pec est un des meilleurs condiments que je connaisse pour accompagner des mets d'un naturel aussi peu excitant, aussi plat que le bœuf bouilli, par exemple; cependant, il est presque inconnu sur les tables parisiennes.

Le hareng *saur* — *harengus infumatus* — se prépare avec les harengs *braillés*, c'est-à-dire avec ceux qui, après avoir été pêchés, ont été salés en vrac. Arrivés au port, on les lave dans leur saumure; puis on les enfile par la tête sur des espèces de brochettes en bois, nommées *ainettes*, en ayant soin de conserver entre eux une petite distance; puis on suspend ces baguettes, ces chapelets de harengs dans un espace surmonté d'une étroite cheminée : cet espace se nomme le *roussable.* On dispose ensuite sur le sol un ou plusieurs petits foyers suivant l'étendue du roussable, et on y allume des copeaux de chêne ou de hêtre, des fagotins de bois non résineux : le genévrier donne le meilleur goût. Il faut prendre garde de produire, tout d'abord, une épaisse fumée qui, s'accumulant à la surface du poisson, oblitérerait ses pores, et s'opposerait à la pénétration ultérieure de la fumée.

Les foyers répandent dans toute la capacité du roussable une légère fumée qui y barbotte d'autant plus longtemps que les issues, par lesquelles elle pourrait s'échapper, sont plus rares et plus étroite :

les harengs s'en imprègnent peu à peu, et, tout en acquérant la propriété de se conserver sans adjonction de nouveau sel, comme dans le cas des harengs *pecs*, ils prennent une saveur particulière ainsi qu'une couleur rousse (saure) qui leur a valu le nom de *harengs saurs*.

Après quarante-huit heures d'enfumage, on retire parfois du roussable une certaine quantité de harengs qui sont alors vendus sous le nom de *craquelots :* moins secs que ceux qui y resteront davantage, les harengs-craquelots sont très-estimés des vrais amateurs; mais ils ne peuvent se conserver fort longtemps, en raison de l'insuffisance de leur séjour dans la fumée.

Après le quatrième jour, on extrait du roussable une autre qualité qui est vendue sous le nom de hareng *bouffi* : un peu plus tard, vient le tour des harengs *demi-prêts;* c'est la qualité spécialement consommée par les parisiens; puis, une autre qui est le hareng *trois-quarts prêt;* puis une cinquième qualité qui a droit au nom de hareng *saur;* et enfin, au bout du quatorzième et dernier jour d'enfumage, ce qui reste dans le roussable est le *franc-saur,* hareng très-desséché, très-enfumé, mais d'une conservation pharaonique : c'est une momie.

Les Français ne sont pas de forts consommateurs de harengs conservés, puisque la moyenne générale de consommation ne dépasse pas, en France, cinq cents grammes par tête d'habitants et par année. Dans le nord de l'Europe, dans tous les pays des buveurs de thé et de bière, la consommation de ce comestible altérant est infiniment plus considérable. Elle l'est assez pour donner du travail et du pain à plus d'un million d'individus, pêcheurs, armateurs, marchands, femmes, enfants, travailleurs de toute nature. La quatre-centième partie de la population totale de l'Europe vit de la mort de ce petit poisson.

LA SARDINE

La sardine est proche parente des harengs; c'est également un clupe (*clupea sardina*). Les Latins lui avaient donné ce nom, parce que c'était sur les côtes de la Sardaigne que les pêcheurs de l'époque latine rencontraient principalement ce petit poisson. Quelques savants nient l'abondance de la sardine sur la côte de la Sardaigne, et par suite, le motif qui a pu lui faire donner le nom de « sardina » : ceux-là l'appellent *clupea spartus*, c'est-à-dire clupé jonc.

De même que le hareng, la sardine se présente périodiquement et par attroupements immenses; le but de leur excursion est la propagation de leur espèce. Leur point de départ est aussi problématique que celui des harengs : supposons donc, comme nous l'avons fait au sujet de ces derniers, que les sardines quittent, en masse, les profondeurs de la mer, pour venir, à la surface, confier à la chaleur solaire le soin de faire éclore leurs œufs fécondés : ce devoir rempli, elles redescendraient, — toujours comme les harengs, — les versants des montagnes sous-marines et reprendraient possession, jusqu'à l'année suivante, de leurs mystérieuses vallées.

Les sardines font généralement leur apparition dans le courant du mois de juin : c'est par bandes innombrables qu'on les rencontre à cette époque sur les côtes de la Baltique, de l'Océan et de la Méditerranée. La Bretagne est éminemment favorisée dans cette visite annuelle; les pêcheries de la baie de Douarnenez, entre autres, sont renommées pour les quantités et la qualité de ces poissons.

Leur approche est signalée par les rassemblements tumultueux des oiseaux de mer : on voit les grisards, les mauves, les dominicains, les goëlans se diriger en troupes vers la pleine mer, et s'accumuler sur un même point en poussant des cris assourdissants. Un bateau part alors en éclaireur, et s'il reconnaît en effet l'avant-garde des sardines, il revient à force de rames, et télégraphie de loin la bonne nouvelle.

— « Chetu-y-aont! chetu-y-aont! » (1) ce cri trouve un écho dans toutes les poitrines bretonnes; il se propage, comme une traînée de poudre, de village en village.

On se hâte de donner la dernière main à l'armement du bateau; son unique mât est dressé, on envergue sa grande misaine, on embarque les filets (rouegeou); une petite embarcation que nous allons voir travailler tout à l'heure est également embarquée, ainsi que des paniers destinés à contenir le

(1) Les voilà! les voilà!

poisson, des barils de sel fin; d'autres barils contenant des *rogues*, ces œufs salés de la morue dont j'ai parlé dans un autre endroit : puis l'équipage, qui est formé habituellement par les membres d'une même famille, et se compose du patron, de trois ou quatre hommes et d'un mousse, l'équipage, dis-je, fait dire une messe pour le succès de la campagne.

Cette cérémonie religieuse n'est pas toujours la dernière : il y a quelques années, du moins, on ne manquait jamais à l'Enez-Groah (1) de faire bénir solennellement la mer par un prêtre. Dans cette occasion, les pêcheurs, leurs femmes et leurs enfants se dirigeaient processionnellement vers l'extrémité de l'île qui s'avance le plus dans la mer; là, le prêtre montait dans une barque pavoisée, se plaçait à l'avant, et toute la population, tête nue, agenouillée sur la grève, récitait, avec la ferveur armoricaine, l'antique prière : « Panem nostrum quotidianum da nobis hodie, » pendant que le prêtre, la main étendue au-dessus des flots, demandait au ciel un peu de miséricorde pour les marins bretons.

Le lendemain, on met le bateau à l'eau, et l'on s'embarque de grand matin : « Beach vat deoc'h. Va zad, va beur (2), » crient les femmes rassemblées sur le rivage.

Les embarcations bretonnes employées à la pêche de la sardine sont fines, bonnes marcheuses, et capables, cependant, de supporter bravement un coup

(1) *L'île de Groix*, en langue celtique. — Groah était, paraît-il, le nom d'une druidesse.
(2) Bon voyage! mon père, ou mon frère.

de mer. Leur voilure se prête admirablement aux nécessités de leur navigation : se composant simplement d'une grande misaine, elle permet au bateau de gouverner facilement au plus près, c'est-à-dire de marcher contre le vent ; cette orientation, comme nous allons le voir, est indispensable pendant l'opération de la pêche.

Lorsque le bateau arrive en présence du banc de sardines, il doit diminuer la vitesse de sa marche tout en conservant sa voilure, afin d'être prêt à reprendre cette vitesse sans avoir recours aux bras de l'équipage ; à cette fin, quelle que soit la direction du vent, il s'oriente au plus près, autrement dit « vent debout. » Il met immédiatement son embarcation à l'eau avec trois hommes et les filets ; le premier de ceux-ci porte une longue ralingue qui est d'abord amarrée à l'arrière du bateau-pêcheur. La petite embarcation s'éloigne à la rame, développant ainsi le filet dont la base chargée de plomb est entraînée au fond de l'eau, tandis que les lièges de l'autre extrémité l'obligent à flotter et à conserver la position verticale. Le patron resté sur le bateau, confie alors la barre au mousse ; il largue la ralingue après y avoir attaché une bouée ; puis il fait virer de bord, et vient se placer du côté du filet opposé à celui où les sardines ont été signalées, et il sème dans l'eau une quantité plus ou moins grande de *rogues* de morue.

Les sardines adorent cet aliment qui est, pour elles, une friandise de premier ordre ; pour en manger, elles se feraient pendre ; et c'est précisément ce qui leur arrive : en effet, dès qu'elles sont assez rapprochées pour apercevoir le fallacieux appât; elles se précipitent dessus sans tenir compte du filet qui s'interpose; elles y donnent tête baissée et restent accrochées, étranglées dans les mailles. Ce châtiment de leur gourmandise n'effraie pourtant pas les autres qui accourent en foule pour gober les œufs que le patron ne cesse de semer; et elles viennent augmenter le nombre des victimes du plus repoussant des sept péchés capitaux.

Il arrive enfin un moment où le filet a sa charge de sardines : le patron s'en aperçoit aux écailles qui se détachent des pauvres bêtes pendant les convulsions de leur agonie, et qui viennent pailleter la surface de l'eau; il s'en aperçoit encore aux mouvements saccadés que ces convulsions impriment aux lièges; et il juge alors qu'il est temps d'ajouter un second filet au premier. L'embarcation opère cette réunion et s'éloigne en ramant, de manière à maintenir les filets en ligne; le patron, de son côté, continue à semer des œufs; et lorsque le deuxième filet est plein, on en ajoute un troisième, puis un quatrième, un cinquième et ainsi de suite sur une longueur de deux à trois cents mètres; mais toujours en faisant ramer l'embarcation qui remorque la longue file de rets; de cette façon, ils développent la plus grande surface possible, et on évite qu'ils s'entremêlent.

Lorsque le patron juge que tous les rets sont pleins, l'embarcation est remplacée, à l'extrémité de la ligne, par une bouée, et elle va chercher l'autre bouée fixée à l'extrémité opposée ; puis, elle regagne le bateau et l'on procède au halage, à bord, du filet qui a été lancé à l'eau le premier. A mesure que les pêcheurs le hissent dans le bateau, le mousse le secoue pour en faire tomber les sardines emmaillées ; et lorsqu'enfin tous les filets ont rendu, l'un après l'autre, leur récolte, on s'occupe immédiatement de la conservation provisoire des sardines ; c'est-à-dire qu'on les range soigneusement par lits dans les paniers embarqués à cet effet, en saupoudrant chaque lit de deux ou trois poignées de sel fin : puis, on recommence à pêcher.

A la fin de la journée, tous les bateaux rentrent avec le produit de la pêche ; quelquefois celle-ci a été si heureuse, que, d'un seul coup de filet, quarante barils de sardines sont restés dans les mailles ; mais quelquefois aussi, c'est tout le contraire qui arrive ; le pauvre pêcheur a usé, en pure perte, sa coûteuse provision de barils de rogues ; ou bien, il revient avec quelques paniers de poissons qui sont loin de suffire pour couvrir ses frais. Mais quand la pêche est passable :

— « Pet perque? lui crie la famille quand il est à portée.

— Temp - varnuguent mil ! (1) » répond-il en abordant.

On accourt, on aide à débarquer les paniers sur lesquels on commence par prélever la part des indigents ; c'est la sainte aumône d'un pauvre ; et le

(1) — « Combien de poissons ?
— « Vingt-cinq mille ! »

reste est porté aux nombreux établissements ou *presses* dans lesquels s'élaborent les diverses conserves de sardines.

Les préparations ayant pour but de conserver les sardines sont de différentes natures. Je ne parlerai pas des plus anciennes, car elles sont analogues à celles que j'ai déjà décrites en parlant du hareng; savoir : la salaison *en vert*, celle *en vrac*, et enfin le *saurissage;* mais je dirai quelques mots de trois autres préparations qui sont spéciales à la sardine.

On appelle « sardines *en malestran* » celles qui, aussitôt débarquées, sont lavées à grande eau dans l'eau de mer, puis mises en caque pendant quelques jours avec du sel. On les lave alors dans la saumure produite, et on les empile soigneusement dans de nouveaux barils où on les presse en les chargeant de pierres, jusqu'à ce qu'elles aient exprimé toute leur huile ainsi que leur saumure.

Les sardines *anchoisées* sont des sardines en vert, avec cette différence que l'on mêle au sel, pour le colorer en rouge, une certaine portion d'ocre rouge.

Enfin, les sardines *en daube* sont mises avec fort peu de sel dans des pots en grès; on verse ensuite, par dessus, du beurre fondu qui les garantit du contact de l'air, et permet de les conserver à l'état de *demi sel* pendant plusieurs mois.

Le surintendant Fouquet, en achetant Belle-Ile, y introduisit les premiers établissements de salage et saurissage des sardines; depuis cette époque (1658) ils se sont multipliés sur toute la côte de Bretagne; mais ils tendent aujourd'hui à disparaître pour faire

6

place à de nouveaux établissements dont les produits se consomment dans le monde entier : ce sont les *sardines confites à l'huile.*

Il n'existe pas de poisson, peut-être, dont la fraîcheur soit aussi fugitive que celle de la sardine : pour être mangée véritablement fraîche, il faudrait qu'elle fût mise sur le gril à l'instant même où elle sort de l'eau ; quelques heures plus tard, ce n'est déjà plus une sardine fraîche ; elle a perdu la plus grande partie de sa saveur *sui generis* ; on pourrait la comparer alors à une bouteille de bon vin qu'on aurait abandonnée en vidange. Ce petit poisson qui vous arrive à Paris vers la fin de l'été, enveloppé dans des feuilles de fougère, saupoudré de quelques grains de sel, terne, flétri, efflanqué, l'œil brouillé, n'est pas plus une sardine fraîche, mes amis, que la morue salée n'est du cabillaud : son parfum a disparu. Telle quelle, cette petite bête, mise un instant sur le gril, et servie en compagnie d'un morceau de beurre frais, est un mets qui ne manque pas d'un certain charme; mais, encore une fois, ce n'est plus une sardine, c'est une espèce de petit hareng que vous mangez. L'huile essentielle qui, à l'instant de la mort du poisson, renfermait encore la totalité de son parfum particulier, a laissé bientôt évaporer ce parfum, et il n'est resté ensuite qu'une sorte de mucilage albumineux, lequel, au contact de l'oxygène de l'air, n'a pas tardé à s'oxider, à *rancir*, si vous aimez mieux. Pour éviter, à la fois, cette oxidation de l'huile essentielle, et la déperdition de son arôme, le meilleur moyen à employer était de faire la part du feu ; il fallait envelopper la sardine dans une autre huile qui, tout en s'interposant entre le poisson encore frais et l'oxygène de l'air, absorbât celui-ci avant qu'il put attaquer l'huile propre du poisson. C'est ce que l'on a fait, en renfermant, par surcroît de précaution, le poisson et l'huile préservatrice dans des boites de fer-blanc soudées; au lieu de les mettre, par exemple, dans des flacons plus difficiles à transporter, et qui ne posséderaient pas, d'ailleurs, l'action réductrice du métal employé.

La préparation des *sardines à l'huile* est une industrie toute française qui a pris, en Bretagne surtout, un développement considérable. La France expédie ce hors-d'œuvre dans toutes les parties du monde : à côté du fromage de Hollande, le voyageur, rencontre la sardine à l'huile dans des contrées où toute autre espèce de comestible, d'un usage analogue, ne saurait parvenir et se conserver : le hors-d'œuvre devient souvent, alors, la *pièce de résistance* dans le repas de l'infortuné voyageur.

A quatre mille lieues de Douarnenez, — quelques centaines de lieues en plus ou en moins, — et au centre de l'affreux désert de sable qui sépare le port péruvien d'Arica de la ville de Tacna, un français, nommé Nettin, avait établi, naguère, une sorte de cabaret, de lieu de halte où le voyageur qui faisait le trajet entre ces deux villes, prenait un moment de repos et laissait souffler sa monture. L'existence de son singulier établissement, caché entre deux dunes, n'était signalée aux caravanes que par un mât qui profilait, sur le bleu inaltérable du ciel, sa ligne sèche et grêle, et dont, par parenthèse, la verticalité était souvent troublée par quelque tremblement de terre. Combien de fois, mourant de soif et de faim, j'ai interr gé du regard l'horizon désolé pour lui demander l'apparition de ce vilain morceau de bois qui m'annonçait l'apaisement de mon martyre! et avec quelle satisfaction je mettais enfin pied à terre à la porte du bouge de Nettin!

Sur le seuil, le bonhomme ou sa femme, — car il y avait une Eve à côté de cet Adam de l'enfer terrestre, — le bonhomme, dis-je, m'attendait, tenant à la main un verre d'eau dans lequel les partisans et les détracteurs de la génération spontanée auraient trouvé matière à de magnifiques dissertations, mais que, profane, j'avalais philosophiquement d'un seul trait. Puis, après les menus compliments d'usage :

— « Eh bien! père Nettin, avez-vous quelque chose à manger, aujourd'hui? »

C'était une question oiseuse qui n'avait d'autre objet que de ne pas laisser tomber la conversation; car, de longue date, je connaissais la réponse :

— « Vous savez, monsieur, nous avons des bonnes sardines de Nantes.

— « Si je le sais! mais enfin, père Nettin, pourquoi, diantre, n'avez-vous jamais que des sardines à l'huile?

— « D'abord, monsieur, parce qu'il n'y a rien de meilleur; — et puis, ajoutait le pauvre diable (*in codâ venenum*), c'est tout cuit, voyez-vous, des sardines à l'huile; et vous avouerez que le marchand de charbon demeure un peu loin. »

Dans ces derniers mots, mon père Nettin, n'envisageant que sa situation exceptionnellement misérable, résumait le mérite spécial de ce précieux aliment, qui l'emporte, sur toutes les autres conserves alimentaires, par cette particularité qu'il ne nécessite aucun réchauffage, c'est-à-dire aucune dépense ultérieure de combustible, et surtout aucune perte de temps. Cette considération est d'un grand poids dans la consommation des sardines à l'huile; et à ce sujet, je demande le nom de l'épicier qui, le premier, ouvrit une boîte de sardines dont tout le monde ne pouvait pas faire l'emplette, attendu qu'elle coûtait vingt-cinq sous, et qui vendit les vingt-cinq sardines qu'elle contenait à raison de un sou la pièce; il mérite d'être connu : c'était, à la fois, un homme intelligent et un homme utile. — En effet, depuis que l'on détaille des boîtes de sardines, vous voyez, aux trop courtes heures des repas, les ouvriers, délaissant le cervelas d'origine ténébreuse, acheter chez l'épicier deux ou trois sardines, — en voilà pour trois sous, — et moyennant cette faible dépense, assaisonner la miche de pain de la collation et même du déjeuner, sans recourir à l'intervention de la ménagère ou du gargotier.

La consommation de Paris s'élève annuellement à la quantité de 300,000 kilos de sardines à l'huile : de même que les consommations de tous les autres aliments salés ou conservés, elle doit souffrir, spécialement à Paris, de la diversité et de l'énorme quantité d'aliments frais qui affluent de toutes parts dans cette grande ville. Mais Paris n'est pas le plus important débouché qui soit ouvert aux produits de l'industrie des pêcheurs bretons ; ce n'est qu'un bon client qui vient apporter son appoint dans la somme de deux millions que les sardines leur rapportent bon an, mal an. En juillet 1866, les seuls bateaux de Douarnenez et de Concarneaux ont pêché plus de 110 millions de sardines, dont la vente a produit 707,648 fr. A la fin de ce mois, ajoute le *Moniteur*, qui donne ce renseignement, l'abondance de la sardine était telle, qu'elle ne se vendait que 2 fr. le mille, ce qui ne s'était pas vu depuis dix ans.

Ce n'est pas uniquement le travail du pêcheur, qui trouve sa rémunération dans cette abondance des sardines ; sa femme et ses enfants rencontrent ultérieurement, dans les fabriques de conserves, une occupation relativement lucrative. C'est l'aisance et la bonne humeur qui vont venir s'asseoir, pendant tout l'hiver, au foyer du pêcheur breton.

L'ANCHOIS.

L'Anchois est également un Clupe. Plus petit que le hareng, car sa taille ne dépasse pas 13 centimètres, il en diffère par une gueule fendue outre mesure, et un museau infiniment plus pointu. Il a le dos d'un ton violacé, et le ventre argenté comme celui du hareng. Les Hollandais pêchent, sur leurs côtes, des quantités immenses d'anchois à l'époque de leur passage, qui coïncide avec celle de l'arrivée des harengs et des sardines.

Dans la Méditerranée, la pêche des anchois donne lieu à un spectacle fort pittoresque : on choisit, pour cette pêche, les nuits obscures et sans lune. Quelques bateaux, nommés *Fastiers*, portant des réchauds dans lesquels on incendie des petits bûchers de bois très-flambant, se groupent dans un point central où les anchois ont été signalés dans la soirée; un grand nombre d'autres bateaux portant de longs filets dérivants nommés *Rissolles*, s'espacent et se relient entre eux par leurs rissoles. Leur ligne, une fois développée, les deux aîles manœuvrent de façon à venir se souder et à envelopper, dans un immense cercle de filets, les Fastiers et en même temps les bandes d'anchois attirés par la vive lumière des bûchers.

Quand le cercle est fermé, les Fastiers éteignent subitement leurs feux; l'obscurité la plus profonde succède à leur vive lueur, et aussitôt, ces derniers bateaux s'éparpillent dans le grand cercle, en frappant l'eau du plat de leurs avirons. Une terreur panique s'empare des légions d'anchois qui se précipitent de tous côtés; mais ils rencontrent fatalement la Rissole dans laquelle ils se jettent et s'étranglent.

Les filets sont alors rentrés dans les barques, on recueille les petits poissons qui s'y trouvent pendus par les ouïes, et l'on regagne le rivage où des troupes de femmes et d'enfants attendent le retour des pêcheurs. Chacun se met à l'œuvre : on coupe lestement la tête du poisson et on le vide; puis, on le lave à grande eau et on le dépose par couches, alternant avec du sel, dans des barils où on le laisse séjourner deux ou trois jours : le sel employé doit être très-fin, et il est d'usage de le colorer avec de l'ocre rouge.

Ce salage est recommencé jusqu'à trois fois, en ayant soin de laver, à chacune d'elles, le poisson dans la saumure produite. Après le troisième salage, les anchois sont en état d'être livrés à la consommation.

Il paraît que ce mode de conservation des anchois était connu des Grecs et des Romains, qui faisaient entrer la saumure des anchois dans la composition de leur *garum*, cette sauce épicée qui avait la propriété de les mettre en appétit. L'invention de Deukelszoon serait-elle donc, comme beaucoup d'autres, renouvelée des Grecs?

Nous ne connaissons, à Paris, que l'anchois conservé en saumure, ou confit à l'huile : ce petit poisson ne saurait être mangé frais que sur le lieu même de sa pêche; il serait alors, s'il faut en croire les amateurs, inférieur à la sardine fraîche.

L'anchois en saumure, ou confit à l'huile, est un excellent condiment qui vient relever la fadeur de certains mets; comme la sardine, il figure aussi quelquefois sur les tables à titre de hors-d'œuvre : ces deux emplois élèvent, à Paris, sa consommation au chiffre annuel de 50,000 kilos environ; soit 28 grammes par tête d'habitant.

LE MAQUEREAU.

Les *scombéroïdes*, puissante famille de l'ordre des *acanthoptérygiens*, doivent leur nom à l'individu-type de cette famille, qui n'est autre que le maquereau (en latin : *scomber*). Un des caractères des scombéroïdes, c'est de posséder une queue et une nageoire caudale extrêmement vigoureuses qui leur permettent d'atteindre, en nageant, une vitesse vertigineuse. Dans les parages des vents alizés, je me suis amusé, bien des fois, à regarder les bonites qui se faisaient un jeu de tourner sans cesse autour du navire; pendant que celui-ci, avec une jolie brise grand-largue et une mer magnifique, filait ses quatorze kilomètres à l'heure, ces scombres, en triplant, dans leur évolution, le chemin parcouru par le navire, atteignaient donc une vitesse de 42 kilomètres. La nuit, ce spectacle devenait splendide : c'était des sillons de feu, des éclairs qui étaient tracés en cercles autour du bâtiment; il paraissait voguer dans le centre d'une auréole.

Le maquereau est aussi, relativement à sa petite taille, un vigoureux nageur. Comme le hareng, la sardine et le thon, son congénère, le maquereau arrive périodiquement par bandes innombrables à l'époque du frai, et disparaît ensuite quand il a déposé et fécondé ses œufs. Sa première apparition a lieu en mai ; mais à cette époque, ses œufs ou sa laitance ne sont pas encore formés ; on le vend alors sous le nom bizarre de *Sansonnet;* un peu plus tard, dans le courant de juin, il est gras, dodu, à point; c'est alors un excellent morceau; enfin, dans le mois de juillet, il est à son apogée : on le prépare alors, dans les pays du Nord, avec un assaisonnement dans lequel on fait entrer certaines groseilles qui, pour cela, se nomment « groseilles à maquereau ». Puisque je parle des noms, je dirai, pour ne pas l'omettre plus longtemps, que le maquereau tire le sien du mot latin *macula*, tache : il est, en effet, tacheté ou plutôt rayé de noir. comme chacun sait. Dans les différents dialectes de la France, le nom de ce poisson s'éloigne beaucoup de cette origine néo-latine : ainsi, les Provençaux l'appellent *Oriol;* les Bretons *Brezel.*

Il est à présumer que le maquereau que nous mangeons à l'état *frais*, ne fait pas partie de ces bandes immenses dont je parle plus haut : pêché sur nos côtes, il appartient probablement à ces poissons sédentaires qui ne s'éloignent jamais beaucoup des parages où ils sont capturés par nos pêcheurs de poisson frais. Le maquereau des *grandes pêches* est d'ailleurs de plus grande taille; et sa chair est de qualité inférieure; il ne s'approche pas, non plus, des côtes de France; c'est sur les côtes d'Écosse ou de Cornouailles qu'il faut aller le chercher.

La *grande pêche* du maquereau se fait du 10 mars au 15 juin. La France envoie chaque année, tant en Écosse que dans l'Archipel des Sorlingues, de 150 à 200 bateaux de 50 tonneaux chacun qui embarquent 2,500 marins. Cette pêche se pratique de la même façon que celle des harengs, et les maquereaux reçoivent la même préparation à bord des bateaux.

Paris consomme annuellement 200,000 kilos de maquereaux salés, dont une bonne partie est vendue par ces marchands ambulants qui nous rompent les oreilles de ce cri : « maquereaux salés ! maquereaux nouveaux ! » — La consommation parisienne du maquereau salé est, de même que celle de tous les produits similaires, inférieure à la moyenne de la consommation générale en France ; je crois inutile de répéter les motifs de cette infériorité.

La *petite pêche* de ce poisson sur les côtes de France, se fait quelques semaines après celle de Cornouailles ; elle emploie plus de 300 bateaux de dix tonneaux chacun, montés par 2,000 marins. Cette pêche se fait à peu près comme celle du poisson frais ; c'est-à-dire avec des *filets dormants* lorsque les pêcheurs agissent isolément, ou avec des *filets dérivants*, quand ils se réunissent en flottilles pour cerner le poisson.

Tel est, mes amis, le parti que les hommes savent tirer aujourd'hui des immenses légions de ces cinq ou six espèces de poissons qui viennent, périodiquement, — avec l'exactitude qu'apportent les végétaux à fleurir et fructifier, — offrir à notre courage, une occasion de se manifester ; à nos besoins, une ressource inappréciable ; à notre génie commercial, enfin, les moyens de se développer.

C'est par centaines et centaines de millions qu'il faut calculer le résultat-argent de ces pêches périodiques, tant en Europe qu'en Amérique, c'est par millions, également, qu'il faut calculer le nombre des hommes qui trouvent dans cette industrie un élément de travail et d'avenir.

CHAPITRE IV

LA PÊCHE CÔTIÈRE

La pêche côtière emploie plus de 50,000 marins sur tout le littoral de la France. Chaque port, chaque crique, si humble qu'elle soit, fournit son contingent à cette armée de pourvoyeurs qui se recrute, pour une partie, parmi les vieux marins auxquels l'âge, les infirmités ou quelques considérations de famille commandent une vie plus casanière. Elle est, également, une excellente école primaire de navigation pour les enfants qui se destinent à la carrière maritime; c'est une pépinière de marins que le pays ne saurait protéger avec trop de sollicitude.

Les produits annuels de cette industrie sont évalués à la somme de cinquante-cinq millions, dont une partie doit couvrir l'amortissement du matériel de navigation fourni par l'armateur de chaque bateau, et payer aussi une solde fixe qui varie de 1 à 3 francs par chaque homme d'équipage et par jour de pêche; le surplus se partage, dans différentes proportions, entre le bateau (l'armateur) et l'équipage : à ce dernier, incombe ordinairement la fourniture et l'entretien des filets et divers apparaux spécialement affectés à la pêche.

On a évalué à la somme de cent cinquante millions de francs, le capital appliqué à la *pêche du poisson frais,* qui met en mouvement une foule d'industries, et par le fait, donne du pain à une multitude d'ouvriers charpentiers, cordiers, forgerons, voiliers, etc., etc. ; elle fait vivre, de plus, une quantité considérable d'expéditeurs et de marchandes.

Les cinquante mille marins dont il est question, montent de *treize* à *quatorze mille bateaux* de différents tonnages, et dont le gréement varie suivant les localités. Les bateaux-pêcheurs de la Méditerranée, avec leur grande voile triangulaire, ne ressemblent en rien aux *lougres, chasse-marées, cutters* et autres bateaux de la Manche. Chaque pays adopte, en résumé, le système d'embarcation qui semble s'approprier le mieux aux difficultés et aux nécessités de la navigation locale. Le pêcheur lui-même a des habitudes, des mœurs et un costume qui varient également suivant le climat de son pays, et le tempérament particulier de sa race : tandis que le catalan, coiffé du bonnet rouge, vêtu légèrement, fume une mignonne cigarette; le pêcheur de Boulogne et de Dunkerque, conservant le lourd costume islandais que nous avons décrit plus haut, fume cette pipe écourtée qui s'appelle, presque, un « brûle-parfums » ; à moins qu'une chique monstrueuse ne s'oppose, matériellement, à cette superfétation de jouissances.

De leur côté, les poissons diffèrent complétement d'un point à un autre point du littoral français : des espèces qui pullulent dans la mer du Nord, ne se rencontrent plus dans le golfe de Gascogne, et réciproquement : ou bien, c'est la qualité du poisson qui n'est plus la même. Ceux qui sont pêchés dans des parages vaseux, n'ont pas, à beaucoup près, la valeur gastronomique de ceux qui ont vécu parmi les roches ou sur un fond de sable propre : la température de l'eau est encore une cause qui modifie la qualité des individus d'une même espèce. Les poissons, en un mot, de même que tous les autres animaux, ne sauraient échapper à l'influence du milieu dans lequel ils sont placés.

Chaque espèce recherche avec avidité la nourriture qui lui est propre ; elle s'établit, prospère et multiplie sur les côtes qui la lui fournissent en abondance. Remarquez l'enchaînement merveilleux des œuvres de la nature : certains végétaux fournissent à telle classe d'insectes une nourriture spéciale qu'ils ne sauraient trouver sur d'autres plantes ; de leur côté, ces insectes, leurs larves ou leurs dépouilles que le vent entraîne sur les eaux, sont un mets friand, un appât pour les poissons de telle espèce ; détruisez ces végétaux, vous éloignez, du même coup, et les insectes qui vont chercher fortune ailleurs, et les poissons qui en font autant de leur côté, entraînant à leur suite d'autres poissons plus gros dont ils constituaient eux-mêmes la nourriture. Ceci s'appuie sur des faits irrécusables : on a observé que des espèces entières de poissons s'éloignaient pour toujours de pays où certaines plantes avaient été expulsées par la culture ; ou encore, abandonnaient les plages au bord desquelles des forêts avaient été détruites soit par la hache, soit par l'incendie.

On serait donc tenté de supposer qu'un bon moyen d'attirer les poissons et de favoriser leur multiplication, serait d'ensemencer nos rivages, incultes pour la plupart, de végétaux de la même espèce que ceux qui croissent sur des rivages notoirement poissonneux. Cette idée, dont le père est un observateur malheureusement trop poëte pour être pris en sérieuse considération (1) par les savants, cette idée, dis-je, mérite cependant d'être examinée avec soin.

Le littoral de la France (2) n'est pas très poissonneux ; mais, en raison de sa situation géographique, notre pays est un des plus favorisés au point de vue de la diversité des espèces : la mer du Nord et la Manche lui procurent, plus spécialement, d'excellentes espèces de *pleuronectes;* le turbot, la sole, la barbue et la limande; deux succulents *gadoïdes*, le cabillaud et le merlan; le golfe de Gascogne et la Méditerranée produisent de leur côté, des poissons tels que la merluche, le thon, le rouget, la lamproie, et tant d'autres qui, grâces aux chemins de fer, commencent à arriver à Paris. Consultez la carte d'un bon restaurateur parisien, à l'article « Poissons », et vous aurez une idée de la variété des espèces qui se consomment dans la patrie de Brillat-Savarin.

C'est quelque chose, mais ce n'est pas assez : il faudrait que, par son abondance et conséquemment

(1) Bernardin de Saint-Pierre.

(2) Le littoral de la France présente un développement de 2,700 kilomètres.

par la modicité de son prix, le poisson de mer cessât d'être un comestible exceptionnel, pour devenir une base d'alimentation, un autre *bœuf* dans la nourriture du peuple. L'usage exclusif du bœuf et des pommes de terre fatigue l'estomac à la longue; un régime où le poisson viendrait alterner avec les viandes de boucherie, serait infiniment plus salutaire. La vigueur, la santé, l'intelligence, le bien-être moral et physique de la population seraient la conséquence d'un semblable régime.

Tous les poissons ne sont pas aptes, indistinctement, à remplir ce rôle : par expérience, je sais que la satiété, et bientôt le dégoût, ne tardent pas à être la conséquence d'un usage incessant de quelques espèces de poissons. Il en est des viandes marines, comme des viandes terrestres ; elles comportent deux classes fort distinctes : les viandes de *haut-goût* et les viandes *usuelles*. Le bœuf, le veau et le mouton, — le bœuf surtout, — sont les viandes terrestres *usuelles* : pour peu qu'elles soient préparées simplement, et que vous en alterniez l'emploi, vous en mangerez sans inconvénient et sans fatigue grave pour votre estomac, depuis le 1er janvier jusqu'à la saint Sylvestre : essayez d'en faire autant avec du gibier, avec des viandes qui développent une grande saveur, ce que l'on appelle un « fumet exquis; » et je réponds qu'avant deux mois de ce régime, la gastrite la mieux conditionnée viendra ajouter ses douleurs aux nausées que vous éprouverez en entendant parler d'un salmis de bécasses.

La truite, le saumon, tous les scombres; le maquereau, le thon, la bonite, sont notamment des poissons de *haut-goût* ou d'une digestion laborieuse; ils ne sauraient servir de base à notre alimentation. Il n'y a pas si longtemps que, sur les bords de la Clyde, en Écosse, les garçons de ferme n'acceptaient un engagement chez les fermiers du pays, qu'en stipulant la condition qu'on ne leur ferait manger du saumon que deux fois par semaine : moi-même, après avoir passé quelques mois dans un village des Asturies où la truite abonde, j'en étais arrivé à une telle satiété, un tel dégoût de ce délicieux poisson, que mon estomac me conseillait impérativement de détourner les yeux de la rivière qui le produit en abondance.

C'est donc avec modération qu'il faut consommer cette sorte de poissons : autant ils sont salutaires et agréables au palais, lorsqu'on en mange rarement, autant ils deviennent répugnants et indigestes si on tente d'en faire un usage journalier. Mangeons-en donc, si nous le pouvons, aux fêtes carillonnées, nous nous en trouverons bien; mais si vous m'en croyez, nous les traiterons comme certaines gens qu'il faut voir rarement, pour les aimer longtemps.

Les poissons de mer dont la chair est exempte de ce grand fumet qui devient intolérable à la longue, mais qui n'en ont pas moins toute la saveur, la délicatesse, la finesse de goût désirables, sont heureusement fort nombreux. La plupart des *pleuronectes* sont dans ce cas : le turbot, la sole, la barbue sont des poissons dont la chair crêmeuse, nourrissante, se digère avec facilité et peut se manger, très-fréquemment, sans engendrer la lassitude ; mais la famille marine qui possède toutes ces qualités par excellence, celle qui devrait attirer toute l'attention, concentrer tous les efforts des pisciculteurs, c'est celle des *gadoïdes :* le cabillaud, l'égrefin, la merluche, et, au dernier rang le merlan ; voilà, suivant moi, les poissons qui, dans un avenir que j'appelle de tous mes vœux, sont destinés à devenir, sur la table du peuple, la *doublure* du bœuf, du mouton et du veau. Nous autres, parisiens, nous connaissons à peine cet aliment parfait, nourrissant, hygiénique ; ce n'est pas en figurant quatre ou cinq fois l'an sur nos tables, que le cabillaud, par exemple, pourra nous révéler la plus précieuse des qualités dans un aliment : celle de ne pas engendrer le rassasiement.

Du cabillaud, des pommes de terre bouillies, un peu de beurre et un morceau de biscuit, tel est le fond sérieux de la nourriture du pêcheur islandais : il y a pourtant du lard et du bœuf salé parmi les vivres de son navire ; mais il n'y a pas de danger qu'il touche à ces comestibles de la terre-ferme, aussi longtemps qu'une morue s'accrochera à l'hameçon de sa ligne ; il mangera tous les jours du cabillaud, plutôt deux fois qu'une, sans en être rassasié. Maintenant, examinez-moi ce gaillard-là, lorsqu'au retour, il met pied à terre : il éclate de santé, de vigueur ; ses muscles de fer se sont convertis en acier, ses regards font trembler et rougir l'heureuse Sophie. C'est aux poissons, et non ailleurs, qu'un pays doit demander les éléments phosphoriques qui sont le seul remède à l'état stationnaire du chiffre de sa population.

Le poisson de mer est donc un aliment qui devrait, à tous les égards, occuper une place plus importante dans la nourriture du peuple de Paris, et surtout de l'intérieur de la France. La rapidité des transports par les voies ferrées a écarté le principal obstacle qui s'opposait à sa consommation; actuellement, son usage serait non-seulement facile, mais encore économique pour les populations du centre. Si la question était plus avancée, aucune compagnie de chemin de fer ne refuserait d'accrocher, à la queue de chacun de ses trains-express, un wagon qui distribuerait, sur le parcours, les 5,000 kilog. de poissons qu'il aurait chargés au départ, et qui, voyageant avec une vitesse de 50 kilomètres à l'heure, pourraient être transportés au prix de dix centimes la tonne kilométrique.

Dans ces conditions de vitesse et de prix, le poisson de mer arriverait à Paris, par exemple, aux prix de transport et avec les vitesses suivantes :

De Dunkerque	0 f.	030	le kilogramme en	6	heur.	»»
Calais	0	032	—	6	—	»»
Boulogne	0	025	—	5	—	»»
Abbeville	0	020	—	4	—	»»
Dieppe	0	020	—	4	—	»»
Fécamp	0	025	—	4	—	30
Le Havre	0	025	—	4	—	30
Cherbourg	0	040	—	7	—	30
Saint-Malo	0	045	—	9	—	»»
Lorient	0	055	—	11	—	»»
Nantes	0	040	—	8	—	»»
La Rochelle	0	050	—	9	—	»»
Bayonne	0	080	—	16	—	»»
Marseille	0	085	—	17	—	»»

Les prix de transport ci-dessus ne pèseraient que d'une manière insignifiante sur celui du poisson, puisque, en moyenne, ils ne dépasseraient pas quatre centimes par kilogramme : que sont-ils, surtout si on les compare à la dîme exorbitante perçue par la ville de Paris sur cette classe d'aliments.

D'après le tarif ordonnancé à la date du 3 novembre 1855, l'octroi de la ville de Paris perçoit :

Soixante centimes par kilogramme sur les saumons, turbots, esturgeons, thons frais, barbues, truites, aloses, bars, éperlans, mulets, rougets, barbots, soles, homards, langoustes, écrevisses et crevettes.

Quinze centimes par kilogramme sur tous autres poissons de mer et d'eau douce.

Trente centimes par kilogramme sur les poissons marinés.

En dehors de ces droits d'octroi, la ville perçoit encore, des marchandes, un droit de location qui s'élève à 1 fr. 25 par jour et par place occupée dans le pavillon des poissons; plus encore, une autre redevance de cinq centimes par mètre superficiel et par jour, dans les resserres souterraines où les poissons sont déposés pendant la nuit. Faut-il s'étonner, après cela, du renchérissement incessant des objets de première nécessité et notamment des aliments? En faisant la somme des droits de toute nature qui frappent sa nourriture, on arrive à démontrer que l'ouvrier de Paris doit travailler, un jour sur six, pour satisfaire ce convive renfrogné qui, sous forme d'octroi, s'assied tous les jours à sa table, et prend la bonne place au feu et à la chandelle. Je parle de l'ouvrier rangé, économe, ne demandant au cabaret que ce qu'il lui faut, rigoureusement, de vin pour donner un peu de ton à sa triste pitance, et rougir l'eau que boivent sa femme et ses enfants : quant à cet autre ouvrier qui mange peu et boit beaucoup, c'est encore pis, — mais c'est pain bénit : le plus clair de sa paye du samedi est absorbé par la ville de Paris.

Etouffée, comme elle l'est, sous des droits écrasants, la consommation de la marée n'en est pas moins considérable à Paris : elle y atteint, aujourd'hui, la somme annuelle de seize à dix-sept millions *au détail,* desquels, il convient de retrancher un cinquième environ, qui représente le bénéfice des marchands sédentaires et ambulants ; le reste (soit treize millions et demi) se partage, sur le carreau de la Halle, entre l'expéditeur et la ville de Paris. De ces chiffres, il faut conclure que chaque parisien, petit ou grand, malade ou bien portant, dépense annuellement, en marée, la somme de dix francs ; si nous en déduisons le bénéfice de la marchande ainsi que celui de la ville de Paris, il reste encore six fr., qui représentent le tribut direct que chaque parisien paie à l'industrie de la *pêche côtière,* ainsi qu'à celle du transport de ses produits. Ce chiffre est hors de toute proportion avec celui de la consommation générale en France, qui ne dépasse pas, comme nous le disons en commençant, la somme totale de cinquante-cinq millions ; elle devrait atteindre celle de deux cent-vingt-deux millions, si chaque français consommait autant de marée que le parisien.

Voici, d'ailleurs, un tableau qui donne les quantités de marée consommées à Paris à différentes époques, pendant une période de cinquante ans (1).

ÉPOQUES	QUANTITÉS évaluées en poids	CONSOMMATION MOYENNE PAR TÊTE	
		par an	par jour
1804	4.264.143 kil.	6 kil. 637 gr.	18 grammes
1817	4.489.120 »	6 287 »	17 »
1826	6 853.458 »	9 139 »	25 »
1846	9.429.023 »	8 947 »	24 »
1851	11.557.432 »	10 973 »	30 »
1853	9.937.430 »	9 435 »	26 »

Le transport des poissons de mer est, aujourd'hui, exclusivement effectué par les chemins de fer : avant leur organisation, il était l'objet de l'industrie spéciale des *mareyeurs*. Beaucoup d'entre nous, — ce ne sont pas les plus jeunes, — se rappellent encore ces équipages juchés sur deux grandes roues, qu'entraînaient au grand galop, et avec un bruit de ferraille assourdissant, quatre chevaux couverts d'écume : à cette bienheureuse époque, un merlan voyageait plus rapidement qu'un pair de France. Malgré toute la célérité possible, le poisson n'arrivait pas toujours à Paris, en été surtout, dans tout l'éclat de sa fraîcheur; plus d'une fois, le passage du mareyeur provoquait les mêmes exclamations qui nous échappent lorsque, vers minuit, à la sortie d'un théâtre, nous passons sous le vent malencontreux de certains équipages nocturnes.

(1) Armand Husson, *Les consommations de Paris.*

Ce transport était, en outre, assujetti à mille causes de retard : c'était une roue cassée, un cheval foudroyé d'un coup de sang, une route défoncée par la pluie, et cent autres éventualités aussi préjudiciables pour le mareyeur que pour le consommateur. Qui ne connaît cette adorable lettre de madame de Sévigné racontant à sa fille la mort de Vatel qui, « ayant de l'honneur à sa manière, » se passa son épée au travers du corps, parce que les mareyeurs n'arrivaient pas.

L'industrie des mareyeurs était autrefois encouragée et soutenue par de notables priviléges : il leur était alloué des indemnités pour les pertes de chevaux et de marchandises qu'ils subissaient, lorsque ces pertes arrivaient dans de certaines circonstances, et qu'elles étaient dûment et légalement constatées : les acquéreurs du poisson étaient obligés de les payer en espèces sonnantes, etc.

De leur côté, ils devaient adopter les moyens de transport les plus rapides ; ils devaient organiser des relais dont la longueur était limitée ; il leur était interdit de vendre ou de déposer aucun panier de poisson sur tout leur parcours ; sauf les cas de force majeure, ils ne devaient jamais s'arrêter en route ; et enfin, à leur arrivée à Paris, ils étaient tenus d'aller directement à la halle, où leur poisson devait être vendu immédiatement. La dernière ordonnance de police qui établit et réglemente cette situation des mareyeurs est du 9 frimaire an X. A la suite de l'établissement des voies ferrées, sans être abrogées, ces dispositions sont tombées en désuétude.

Avant d'être chargé sur la voiture du mareyeur, ou dans le wagon du chemin de fer, le poisson de mer est soumis à une préparation qui a pour objet de diminuer les chances de sa corruption. La peau des poissons sécrète un halitus albumineux éminemment fermentescible sous l'influence de l'oxygène de l'air ; lorsqu'ils sortent de l'eau, ils sont enduits de cette matière visqueuse; quelques-uns en sont gluants. Pour mettre les poissons dans de meilleures conditions de conservation, il est important de les débarrasser de cette substance, et c'est ce que l'on fait aussitôt qu'ils sont débarqués : des femmes appelées *écoreuses* (sans doute d'*œquor*, la mer) les lavent soigneusement, les brossent, les relavent et les essuient; puis les poissons sont emballés, par espèces et par grandeurs, dans des mannes d'osier, sur des lits de paille fraîche, que l'on remplace, dans certains cas, par des herbes marines.

J'allais oublier de parler de la première opération commerciale à laquelle le poisson donne lieu, en débarquant du bateau qui l'a pêché, opération qui précède celle de son lavage et de son emballage.

Dans les criques d'échouage, lorsque les pêcheurs reviennent de la mer, on commence par haler le bateau sur la grève si l'heure de la marée l'exige; les marchands, les femmes, tous ceux, en un mot, qui sont présents, mettent la main à la pâte, je veux dire au cabestan, pour que ce halage s'exécute promptement : c'est un fort joli sujet de tableau, dont nos peintres de marines ont, plus d'une fois, tiré un excellent parti. Cette opération terminée, on débarque le poisson déjà classé par espèces et divisé par lots qui, après examen, sont l'objet d'une transaction amiable entre le pêcheur et le marchand. Dans certains ports, ces ventes de gré à gré ne sont pas permises ; il faut que le poisson soit vendu à l'encan, dans un lieu désigné à cet effet, et la ville perçoit alors un droit de *marcaige,* à raison de tant pour cent sur le montant de la vente (1).

(1) A Dunkerque, par exemple, le poisson doit être *minckė* avant de pouvoir prendre la route de Paris ou des autres marchés de l'intérieur. Ce mot « mincké » dérive du flamand *mynck* ou *myn*, qui veut dire *mien* ou *moi;* nous allons en avoir l'explication : Au sortir du bateau, le poisson est transporté au « Mynck », marché spécial où il va être vendu. C'est un spectacle assez curieux que cette foule bigarrée de pêcheuses, de marchands et de pêcheurs qui se presse autour du *mynckeur*, l'agent chargé de la criée. — Les pêcheuses, aux jupes écarlates, s'y font surtout remarquer par la pétulance de leurs gestes, la vivacité criarde de leur langage ; et ce n'est qu'après de nombreux efforts, que le mynckeur obtient un peu de silence ; il annonce alors qu'il met en vente tel lot de limandes.

Au lieu de l'*enchère*, c'est un mode diamétralement opposé qui va décider du sort de la marchandise, et cette manière de procéder, donne lieu à des scènes, à des jeux de physionomies très-amusants à observer. Ensupposant que le lot de limandes vaille vingt francs, ou à peu près le Minckeur le met en vente à cinquante, et, avec la rapidité que mettrait un pianiste de quatrième force à descendre une gamme chromatique, il crie :

— « Cinquante — quarante-neuf dix — quarante-neuf — quarante-huit dix — quarante-huit quarante-sept — dix — quarante-sept, etc., etc............ trente-deux — trente-un dix — trente-un — trente dix — trente.... »

Le mynckeur reprend haleine ; personne ne fait attention à ce u'il dit.

— « Vingt-neuf dix — vingt-neuf......... vingt-cinq ! (le silence se fait ; les figures deviennent soucieuses)..... vingt-

Arrivés à Paris, les poissons sont conduits à la halle, où on les vend de nouveau par lots ; mais ceux-ci sont beaucoup plus divisés qu'au port expéditeur, de façon à les rendre abordables pour le consommateur direct.

C'est à la halle que l'on voit, chaque matin, défiler cette nombreuse armée d'animaux marins de toutes formes, de toutes dimensions, de toutes provenances : chacun d'eux est intéressant à plus d'un titre ; chacun mériterait une mention spéciale, des détails minutieux et précis ; mais nous ne pouvons songer, mes amis, à aborder un semblable travail que le but modeste que nous nous proposons ne comporterait pas. Bornons-nous donc, si vous le voulez bien, à passer en revue, et en courant, les types des familles les plus connues ; je veux dire les plus *mangées :* ce mot spécifie assez bien le caractère de notre petite étude.

Pour cela, promenons-nous ensemble au milieu de cet étalage si varié, si pittoresque ; examinons tout ; furetons dans tous les coins : le poisson que nous ne rencontrerons pas chez une marchande, nous le trouverons probablement chez une autre.

deux dix — vingt-deux — (on s'observe) vingt-un dix — vingt-un — vingt dix.....

— « Mynck ! » (*mien !*) un cri, une véritable explosion l'arrête net dans cette dégringolade numérique, et en même temps que le cri, le bras de celui qui l'a poussé se projette en avant, et lui indique l'acquéreur : on ne s'en serait pas douté, car il regardait les mouches voler, et ne paraissait pas se soucier le moins du monde de ce lot de limandes.

Un second, un troisième lot, tous les lots sont vendus de la même façon.

Mais hélas! dans cette excursion, il nous sera impossible d'observer une règle fixe, car aucun système de *classification* ichthyologique n'a présidé à l'arrangement des produits dans les boutiques de nos marchandes. Que de pas, que de recherches nous coûterait l'obligation de grouper nos poissons par *séries,* par *ordres* et par *familles!* et encore, un semblable travail ne pourrait être mené à bonne fin; car il resterait incomplet, tronqué; et cela, par la raison que la plus grande partie des poissons, dignes d'être cités, ne se rencontreront jamais à la halle : citons un exemple.

La *Raie*, ce poisson si utile, si répandu, appartient, — vous en seriez-vous doutés? — à la même famille que le *requin*, ce scélérat dont les forfaits et la chair nauséabonde sont assez connus de nos marins : et pourtant, il n'y a pas plus d'analogie apparente entre une raie,— poisson plat par excellence,— et un requin, qu'il n'en existe entre une limande et un brochet; lesquels, par parenthèse, sont également cousins, — qui l'aurait cru? — parce qu'ils ont, tous deux, des nageoires molles et flexibles; de même que la raie, honnête animal s'il en fut, se trouve, de par la science, proche parente du requin, de la *scie*, de la *torpille* et autres vauriens inutilisables, parce que, comme eux, elle a des arêtes molles, flexibles, *cartilagineuses*, et que son appareil respiratoire est identique.

Il n'en faut pas davantage pour déterminer un naturaliste à placer la raie à côté du requin sur l'échelle ichthyologique; mais le consommateur, le vulgaire consommateur ne se paie pas de semblables raisons : le grand Cuvier, lui-même, ne parviendrait jamais à lui faire manger un morceau de requin au beurre noir, attendu que, dirait-il, de même que la raie, ce squale est un *Sélacien.*

— « Sélacien tant que vous voudrez, répondrait l'infortuné, mais il est affreusement mauvais ; je m'en tiens à la raie. »

Il faut des motifs d'une nature plus solide pour qu'un poisson soit admis à la halle ; il faut, avant tout, qu'il soit *comestible.* Nous n'y verrons donc jamais, ni la torpille, ni la scie, ni l'espadon et tant d'autres individus fort intéressants, sans doute, pour le naturaliste, mais qui, ne pouvant être utilisés dans l'alimentation, n'appartiennent pas à notre sujet.

Les *poissons alimentaires*, tels sont ceux dont nous allons nous occuper exclusivement ; et, puisque la magnifique classification de Cuvier nous est interdite, je vous propose, — car il faut néanmoins mettre un peu d'ordre dans notre étude, — je vous propose d'en créer une autre à notre convenance : elle ne comprendra que trois espèces : les *poissons semi-marins*, c'est-à-dire ceux qui passent alternativement de l'eau douce à l'eau salée, et *vice versâ,* les *poissons de mer,* et enfin les *poissons d'eau douce.*

Cette manière de procéder laisse beaucoup à désirer sous tous les rapports; mais elle aura du moins pour avantage de nous préparer sans fatigue et sans trop d'ennui à une étude sérieuse, approfondie de l'ichthyologie, si nous avons, un jour, le loisir de nous en occuper. — Commençons.

Le *Saumon* est le type de l'importante famille des *Salmones*; c'est un excellent poisson dont la chair est rouge lorsqu'il vit dans la mer, mais pâlit en perdant ses taches brunes, quand il a passé quelque temps dans l'eau douce.

A l'époque du frai, le saumon remonte, par bandes considérables, les rivières du Nord de l'Europe, et principalement de la Norwége, où sa pêche est l'objet d'une industrie importante; on le rencontre d'ailleurs, dans la plupart des cours d'eau qui débouchent dans la Baltique, la mer du Nord, la Manche et l'Océan européen.

Le saumon se plaît surtout dans les eaux rapides et claires ; la profondeur de ces eaux paraît ne venir qu'en seconde ligne dans ses préférences, car on rencontre de très gros saumons dans des ruisselets qui sembleraient ne pouvoir les admettre. Pour trouver un lieu favorable à la ponte et à la fécondation de ses œufs, ce poisson s'éloigne quelquefois beaucoup de la mer ; les obstacles ne l'arrêtent pas : se trouve-t-il au pied d'une chute d'eau , il rassemble ses forces, se pelotonne, et se servant de sa robuste queue comme d'un ressort qu'il détend, il bondit et parvient, le plus souvent, à franchir l'arête de la chute. Les pêcheurs ont soin de lui faciliter le passage des chutes par trop élevées, en établissant, à son intention, sur un des côtés, des gradins, un véritable escalier immergé, que le saumon remonte avec beaucoup d'adresse et sans trop de difficulté.

Il est une espèce particulière de saumon, connue sous le nom de *Bécard*, que le public s'obstine à considérer comme le mâle du saumon : « cette erreur est si commune, dit le savant M. Valenciennes je dirai même si populaire, que l'on vend des tranches de bécard dont on peut voir le ventre rempli d'œufs, sous le nom de bécard ou mâle du saumon. » Dans l'ancien temps, au contraire, on appelait *bécard* la femelle de ce poisson.

Le bécard est reconnaissable au crochet que forme sa mâchoire inférieure, ainsi qu'à la couleur grise de son dos, tandis que, chez le saumon, il est d'un gris ardoisé : le corps du bécard a, de plus, de nombreuses taches brunes.

Le saumon est un des poissons qui se prêtent le mieux à la culture et à la reproduction artificielle ; aussi, cette circonstance est-elle mise à profit, en Écosse surtout, où l'on multiplie aujourd'hui le nombre des *saumonières* : quelques-uns de ces établissements produisent annuellement jusqu'à six et sept mille kilos de poisson.

La *Truite saumonée,* que les naturalistes nomment *salmo tructa*, a été longtemps considérée comme une truite commune qui se saumonait à de certaines époques et dans de certaines circonstances. Il est parfaitement démontré aujourd'hui que ce poisson constitue une variété tout à fait distincte de la truite commune, *salmo fario ;* la truite saumonée est plus élégante de formes que cette dernière, sa couleur est moins foncée, ses flancs sont plus argentins, et enfin, elle est plutôt un poisson marin que le *salmo fario*. Dans ses pérégrinations annuelles, elle recherche, comme le saumon, les eaux vives et claires ; elle fuit également, comme le saumon, les rivières dormantes dont le fond est vaseux; ou bien encore, celles dans lesquelles l'eau est troublée par des égouts d'origine suspecte : il lui faut le mouvement et la propreté. La truite saumonée parvient quelquefois à une grande taille; elle arrive à peser de 4 à 5 kilos, tandis qu'une truite ordinaire de 2 kilos est chose assez rare.

L'*Eperlan* est également un salmone qui ressemble, comme forme, à la truite, mais en diffère par la taille et la couleur : la taille de l'éperlan ne dépasse guère un décimètre, et il est d'un gris très-brillant. Une friture d'éperlans est un mets fort délicat qui se fait surtout apprécier par l'odeur de violette que dégage, sous la dent, la chair de ce petit poisson. On en pêche de grandes quantités dans la Seine; les éperlans de Caudebec sont très-renommés.

Le hasard, cette divinité quelquefois si bienveillante malgré sa cécité, a bien voulu rassembler dans une boutique, ces trois espèces de salmones; remercions-le, car il faut être poli avec tout le monde, et passons à cette autre marchande, chez laquelle j'aperçois deux animaux fort singuliers : commençons par l'anguille.

L'*Anguille* vit indifféremment dans l'eau douce et dans l'eau salée. On la rencontre, en abondance, dans les grandes lagunes de l'Adriatique, dans les canaux d'eau saumâtre de la Hollande, dans les rivières et tous les ruisseaux d'eau douce, dans les étangs, dans les mares, partout, enfin, où il y a de l'eau : la qualité de celle-ci lui est indifférente. Elle diffère cependant des salmones en ce que ces derniers quittent la mer pour chercher, dans les eaux douces, un lieu favorable pour se reproduire, tandis que les anguilles descendent les rivières pour aller confier à la vase des eaux salées, leur nombreuse progéniture.

Le mode de reproduction des anguilles n'est pas encore définitivement établi. Cuvier et Valenciennes affirment que ces poissons sont purement ovivipares, et que, comme tous les autres, ils pondent des œufs qui sont ultérieurement fécondés ; mais plusieurs ichthyologues prétendent que les anguilles sont *ovovipares*, c'est-à-dire que les œufs, fécondés dans le ventre de la mère, y éclosent et en sortent à l'état d'alevin parfait.

Ce qu'il y a de certain, c'est que l'anguille est l'animal le plus discret, le plus pudibond que l'on connaisse; personne, jusqu'à présent, n'a pu pénétrer le secret de ses mystérieuses amours ; elle pousse le décorum au point de ne permettre à qui que ce soit de déterminer la nature de son sexe : cette anguille que vous venez de pêcher, est-ce un mâle ? est-ce une femelle ? d'un autre côté, citez-moi quelqu'un qui ait vu le frai ou le nid d'une anguille. — Tout ce qu'on peut en savoir, c'est qu'elle naît dans la mer, et qu'aussitôt elle remonte les fleuves pour se disperser dans tous les cours d'eau de l'intérieur. C'est seulement à l'embouchure des fleuves que l'on rencontre ces amas de petites anguilles, semblables à des brins de fil, pelotonnées, aglutinées par une matière albumineuse, et que l'on recueille sous le nom de *montée* pour peupler les étangs : à quelque distance de la mer, on ne rencontre plus cet alevin : on ne trouve plus que des anguilles déjà formées ; leur origine marine est donc indiscutable.

Ce n'est pas seulement dans ses amours que l'anguille est pleine de mystères, elle nous laisse encore dans le doute sur la durée de sa vie : on la soupçonne aussi, sans pouvoir l'affirmer, d'être amphibie à la manière de certaines couleuvres, et de sortir de l'eau, par les nuits obscures et pluvieuses pendant lesquelles « on ne mettrait pas un chien dehors, » pour venir visiter nos potagers et y manger les légumes tendres ; ou bien encore, pour passer d'un étang dans une rivière, et réciproquement. Ce qui est indubitable, à cet égard, c'est qu'à moins de mettre une anguille dans un vivier mûré, on ne saurait compter la retrouver toujours dans le lieu où elle aurait été déposée. Ajoutons que son appareil respiratoire lui permet, d'ailleurs, de vivre assez longtemps hors de l'eau.

L'anguille est très-vorace, elle fait une grande consommation de fretin ; c'est donc un hôte pernicieux dans les viviers appliqués à l'élevage du poisson. La rapidité de sa croissance est une conséquence de ce furieux appétit : en effet, dans un milieu convenable, le petit brin de fil qui représentait l'anguille originaire, devient en peu d'années, un superbe poisson qui pèse souvent de deux à trois kilogrammes.

Paris consomme annuellement environ 150,000 kilog. d'anguilles.

Cet autre poisson que nous voyons à côté de l'anguille, et qui, comme elle, a le corps allongé, cylindrique, privé de nageoires ventrales, n'appartient pourtant pas à sa famille, car il en diffère essentiellement à tous les autres points de vue : c'est la *Lamproie.*

La grande *lamproie* est le seul individu qui représente, à la mer, la singulière tribu des *cyclostomes.* Le nom de *Petromyzon* donné aux lamproies et qui signifie : « Je suce les pierres » nous fait connaître une des particularités de l'existence de ce bizarre animal qui, à l'aide de son appareil buccal faisant fonction de ventouse, s'attache aux *pierres*, au bois, à tous les corps durs qui se trouvent au fond de l'eau ; et avec une telle force, qu'il est fort difficile de l'en arracher ; le reste de son corps flotte au gré du courant : c'est sa manière de s'asseoir, de se reposer.

La structure de son corps n'est pas moins singulière : un chapelet d'anneaux cartilagineux enfilés sur un tube tendineux rempli d'une moelle mucilagineuse, remplace la colonne vertébrale chez ce poisson ; ces anneaux ne portent aucune côte, mais les côtes branchiales sont reliées entre elles par des cartilages, et forment, ainsi, un véritable squelette thoracique.

Chez la lamproie, les *branchies*, c'est-à-dire les organes respiratoires des poissons, sont remplacées par sept trous percés de chaque côté de la tête, qui ajoutent encore à l'originalité de sa conformation générale : c'est un poisson long de un mètre environ lorsqu'il est adulte ; sa peau, gluante comme celle de l'anguille, est d'un jaune sale marqué de brun. La lamproie marine est vigoureusement dentée; elle possède deux dents très-fortes qui se rapprochent à la partie supérieure de son anneau maxillaire, et qui lui servent à dévorer les plus gros poissons.

C'est, en résumé, un assez vilain animal, mais qui rachète sa laideur par la délicatesse de sa chair : on affirme que celle-ci est sensiblement aphrodisiaque. Les gourmets ne mangent la lamproie qu'au printemps, lorsqu'elle n'est pas *cordée*, c'est-à-dire avant que ses anneaux vertébraux se soient endurcis. C'est à cette même époque qu'elle quitte la mer pour remonter dans les embouchures des fleuves et y déposer son frai. — Paris consomme environ 1,200 kilog. de lamproies par année.

Voici maintenant un poisson aussi brillant, aussi élégant, que la lamproie est terne et mal tournée : ses mœurs sont celles du saumon; c'est-à-dire que, à l'époque du frai, il quitte la mer pour venir chercher, dans les eaux douces intérieures, un endroit favorable à la ponte et à la fécondation de ses œufs : c'est l'*Alose* que j'ai l'honneur de vous présenter.

L'*Alose* ressemble beaucoup, quant à la forme, au *hareng*, le chef de la famille; mais les couleurs de ses écailles, ainsi que ses dimensions sont différentes : ce *clupe* a le dos d'un vert pâle avec de beaux reflets gorge-de-pigeon; ses flancs sont également d'un vert changeant, et, en même temps, criblés de petits points foncés. Quant à sa dimension, l'alose atteint jusqu'à un mètre de long, et pèse, alors, plus de deux kilos : c'est le géant des clupes.

Ce poisson, à l'époque du frai, se rassemble par bandes et remonte les rivières profondes ; les pêcheurs ne les atteignent généralement qu'à une profondeur de 2 mètres. On a remarqué qu'il faut profiter de cette époque pour manger ce poisson : il possède alors toute sa saveur ; plus tard, après la ponte, il est flasque, amaigri, et sa chair n'est plus aussi bonne ; on a remarqué également que l'alose est surtout excellente lorsqu'elle a séjourné quelque temps dans l'eau douce; aussi, préfère-t-on celles qui sont pêchées à Rouen, à celles que l'on prend à Honfleur.

Je vois, dans l'alose, un *hareng* gigantesque qui a la bonté de mettre ses œufs à notre portée ; et qui nous offre ainsi une occasion de multiplier à l'infini les plus gros individus de cette précieuse famille des clupes ; c'est donc un des poissons que les pisciculteurs devraient étudier avec le plus de soin.

On prétendait autrefois que, sensibles à l'harmonie, le son des instruments avait la propriété d'attirer les aloses, de les égayer au point de les faire bondir sur la surface des eaux.

Le plus grand de nos poissons comestibles, est le principal représentant de la famille des *sturioniens :* l'*Esturgeon*, que sa structure, son dos hérissé d'écussons osseux, font ressembler, comme vous voyez, à un monstre marin, n'en est pas moins un animal très-pacifique, et même très-poltron malgré son air rébarbatif. De tous les poissons, il est certainement le plus complétement utilisé par l'homme : de ses œufs, on fait le *caviar,* cet entremets si populaire en Russie ; de sa vessie, on fabrique la *colle de poisson ;*

de sa chair, enfin, que l'on sale et que l'on fume, des populations entières font la base de leur nourriture.

L'*Esturgeon* commun, nommé également *hausen*, se pêche dans les grands fleuves, et principalement dans le Volga, le Don et le Danube; on le rencontre aussi abondamment dans les fleuves et les grands lacs des États-Unis et du Canada : sa taille atteint souvent 8 mètres, et dans ce cas, il pèse environ 100 kilog. par mètre; c'est-à-dire que le poids d'un esturgeon de cette taille dépasse 750 kilog., sur lesquels, il n'est pas rare de rencontrer 200 kilog. d'œufs, si c'est une femelle, et de 40 à 50 kilog. de laitance, si l'on a affaire à un mâle.

Ces énormes poissons remontent les fleuves à l'époque du frai, en même temps que les saumons, qui font, alors, la base de leur nourriture; — lorsqu'ils ont frayé, ils redescendent à la mer, où ils vivent de cabillauds, de harengs, et autres menus poissons. En dehors de l'embouchure de la Garonne, les côtes de France sont malheureusement peu fréquentées par l'esturgeon; ce n'est qu'accidentellement que ce poisson, pêché dans l'Escaut ou dans la Meuse, arrive à Paris.

Il est reconnu qu'aussitôt nés, les jeunes esturgeons gagnent la mer, et ne retournent dans les fleuves que lorsqu'ils sont adultes; c'est alors seulement que leur chair a acquis toutes les qualités qui la font rechercher. — Peu vorace de sa nature, ce poisson, dont la bouche est relativement fort petite, ne se laisse pas prendre à l'hameçon; c'est avec des filets, ou à l'aide du harpon qu'on le pêche. Le *New monthly magazine* raconte, de la manière suivante, un épisode de la pêche de l'esturgeon.

« Depuis la ville d'Ouraslk jusqu'à la mer Caspienne, c'est-à-dire sur une ligne de plus de 400 kilomètres, les cosaques de l'Oural se livrent trois fois par an aux opérations fructueuses et attrayantes de la pêche qui forme leur principale ressource. Les œufs de l'esturgeon, connus sous le nom de *caviar*, peuvent se manger tout frais et constituent un aliment des plus savoureux. Un voyageur allemand raconte ainsi un incident dont il fut témoin sur les bords de l'Oural : « Un cosaque se débarrassa de ses bottes et de son surtout; puis il saisit de sa main droite un crochet de fer attaché à une longue corde dont ses camarades, placés en haut du barrage, tenaient l'autre bout. Il se signa, se jeta sans bruit dans le fleuve et disparut sous l'eau. Un silence d'anxiété régna près d'une minute, pendant laquelle tous les yeux restèrent fixés sur la surface du courant. Enfin la corde s'agita, on la retira et le plongeur reparut avec un énorme poisson qui se débattait et cherchait à se débarrasser du crochet attaché par le cosaque à l'une de ses ouïes. Homme et poisson furent halés sur la rive aux cris enthousiastes de la foule. »

On conviendra que la hardiesse du cosaque en question était grande, lorsqu'on saura que, d'un simple coup de queue, l'esturgeon pouvait tuer son agresseur, ou, pour le moins, lui casser bras et jambes.

Quelques autres poissons de mer remontent également les rivières, soit pour frayer, soit pour y chercher leur nourriture; tels sont: le Bar, la Muge, les Mulles, et jusqu'à la Limande et la Plie, qui s'engagent quelquefois dans la Loire jusqu'à Tours, et dans la Seine jusqu'à Paris. Mais comme leurs excursions dans les eaux douces sont plutôt accidentelles que périodiques, je ne crois pas opportun de les classer parmi nos poissons *semi-marins*. Cette faculté de vivre dans l'eau douce fait naître l'espoir de pouvoir les cultiver un jour et d'en tirer un excellent parti au point de vue de l'alimentation des classes peu aisées.

CHAPITRE V

LA PÊCHE CÔTIÈRE (SUITE)

Parmi les poissons de mer autres que ceux dont il a été question jusqu'à présent, la *raie*, que nous apercevons sur presque toutes les tables de nos marchandes, est sans contredit le plus populaire, le plus connu tant à Paris que dans toutes les villes de l'intérieur. C'est non-seulement à la possibilité, mais encore à la nécessité de conserver la raie pendant quelques jours avant de la manger, que le commerce de ce poisson est redevable de facilités d'écoulement, de délais, que les autres espèces n'accordent pas. — Un aphorisme culinaire nous apprend que : « le maquereau aime à être grillé vif; la raie préfère attendre. » Le cas échéant, je serais assez de l'avis de ce *cartilagineux ;* et beaucoup diront comme moi.

La raie est très-commune dans la mer du Nord, dans la Manche, l'Océan et la Méditerranée; notre marché de Paris peut donc s'en approvisionner de tous les côtés à la fois, et en être toujours très-abondamment pourvu.

8.

Il existe de nombreuses espèces de raies qui se distinguent entre elles par la structure de leur peau et par la nature des accidents que l'on y remarque. La *raie bouclée* est la plus recherchée : on la reconnaît à des excroissances ovales et osseuses, armées d'une épine légèrement courbée qui saillit sur les deux faces, et que l'on nomme *boucle,* je ne sais vraiment pas pourquoi. La plus grande espèce est la *raie blanche,* qui n'a d'épines que sur la queue ; il en est arrivé une, à la halle, qui pesait 148 kilogrammes.

Une autre espèce, que Rabelais nommait *Pasquenade,* mais dont le vrai nom actuel est *pastenague,* — est-ce par corruption? — présente une particularité qui mérite d'être signalée : sa queue est armée d'une véritable scie qui a eu, longtemps, la réputation d'être venimeuse; c'était une calomnie : les blessures occasionnées par l'arme de ce poisson sont douloureuses, comme toutes celles qui sont produites par des tranchants ébréchés qui déchirent plutôt qu'ils ne coupent; mais il n'y a pas le moindre venin à leur reprocher.

Il est enfin une autre espèce de raie que les Provençaux nomment « Mouronne, » et dont le nom scientifique est *myliobatis*, qui atteint, paraît-il, une taille démesurée. Pour donner une idée de la grandeur de ce sélacien, — ou, peut-être bien, de l'imagination provençale, — je ne puis mieux faire que de copier textuellement ce que tout le monde a pu lire, comme moi, dans le *Moniteur* du 27 août 1866.

On écrit de la Ciotat au *Sémaphore* de Marseille :

« Je viens vous faire part de la visite inattendue que nous avons eue hier, et qui est venue troubler nos courses nautiques.

» Le 16, à dix heures du matin, les régates des bateaux à la rame ont été interrompues par l'apparition dans le port d'un poisson appelé mouronne, d'une longueur de 5 à 6 mètres.

» Immédiatement, on arma l'entrée du port au moyen des filets qui servent à prendre les thons, et après bien des difficultés on parvint à le faire entrer dans la partie du port appelée avant-cale. Là, le monstre marin a été cerné de si près qu'il s'est entortillé dans les filets, et après une demi-heure de luttes et de convulsions, on a fini par s'en rendre maître. On a profité de ce moment pour le sortir de l'eau et le mettre sur les ponts des ouvriers calfats afin de faciliter le transbordement dans le bassin qui est en construction.

» Après l'avoir débarrassée des filets qui la tenaient comme emmaillotée, la mouronne a repris peu à peu ses mouvements ordinaires.

» Elle est actuellement dans le bassin où la majeure partie du public qui assistait à la fête patronale du 15 août s'est portée pour la voir. D'après le dit-on, la salle des prud'hommes de la Ciotat serait d'avis de la conserver vivante jusqu'à l'époque de l'Exposition.

« On a évalué son poids à 30 quintaux. »

Trente quintaux ! trois mille kilogrammes ! cinq cents kilogrammes par mètre courant !

N'est-ce pas un peu fort? — mon bon!

Voici, à deux pas de nous, réunis sur la même table, cinq ou six membres de la plus aristocratique de toutes les familles marines : les ***pleuronectes.*** C'est à elles qu'appartiennent le ***turbot,*** la ***sole*** et la ***barbue;*** c'est parmi ces poissons que l'on vient chercher les sujets dignes de figurer, au premier rang, dans les grands dîners d'apparat : donnons d'abord la signification de leur nom patronymique.

« Pleuronecte » dérive de deux mots grecs : ***pleura*** côté, et ***nectes*** nageur (qui nage sur le côté) ; tel est, en effet, le mode de locomotion de cette précieuse espèce qui ne manque pas, d'ailleurs, de caractères distinctifs; et entre autres, une conformation baroque de la tête, qui pèche complétement par son défaut de symétrie.

Rien de bizarre comme les yeux, par exemple, réunis sur le même côté de la figure : c'est le côté qui conserve la position supérieure lorsque ces poissons nagent; il est plus coloré que le côté opposé. Les deux côtés de la bouche ne sont pas plus symétriques; il y en a un qui avance sur l'autre. Enfin, leur nageoire dorsale règne tout le long du dos comme la crinière en brosse de certains casques; l'anale s'étend également sur toute la longueur du ventre.

Les pleuronectes vivent, en général, au fond de la mer. Quand l'eau est transparente, on les voit appliqués sur le sable ou sur la vase; pour changer de place, ils se traînent, se glissent plutôt qu'ils nagent.

Le turbot est le roi des pleuronectes : il se distingue par le prolongement de sa nageoire dorsale qui vient mourir sur le haut de sa mâchoire supérieure; son côté foncé est moucheté de petits tubercules qui lui sont spéciaux, et enfin ses yeux sont généralement situés *du côté gauche*.

Il existe plusieurs espèces de turbots : la plus grande est celle qui fournit, dans les jours de gala, la pièce capitale sur laquelle se dirigent toutes les lignes objectives dans la savante organisation d'un dîner de gala. Se procurer un beau turbot n'est pas une petite difficulté : croirait-on que les dames de Dieppe, de Boulogne ou de tout autre port de mer, doivent s'adresser à la halle de Paris pour acheter le fameux turbot qui sera le pivot de leur grand dîner? — Un beau turbot a été, de tout temps, l'objet de l'attention des gourmets : Brillat-Savarin faisait le plus grand cas de ce poisson : dix-huit cents ans auparavant, des pêcheurs de *Centumcellæ* ayant porté à Domitien un turbot monstrueux, cet empereur fit assembler le Sénat pour décider dans quel vase et à quelle sauce il serait accommodé. Après de longues et savantes discussions, le Sénat romain décida qu'il fallait le dépecer et le mettre à la sauce piquante : ce n'est pas mon avis.

Il n'est pas indispensable que le turbot soit de forte dimension pour que sa chair possède cette délicatesse qui le fait rechercher par les consommateurs. Je dirai même que tout jeune, tout petit, le *turbotin* a une finesse, une suavité que l'on ne trouve plus dans le turbot adulte : ce n'est pas du poisson que l'on mange, c'est de la crême. Nous ne connaissons pas ce petit turbot à Paris, par la raison que le turbot adulte s'éloigne des rivages et devient la proie des bateaux-pêcheurs qui nous l'expédient, nous avons vu comment; tandis que le turbotin, qui vit dans les basses eaux, sur le bord immédiat de la mer, est pris par les pêcheurs de terre-ferme qui le consomment ou le vendent sur place : une friture de turbotins est incomparable.

La *Barbue* a beaucoup de ressemblance avec le turbot ; elle est pourtant moins épaisse, et relativement plus longue ; elle n'a pas, aussi, les aiguillons du turbot. Sa chair, pour être moins estimée que celle du turbot par quelques gourmets, n'en est pas moins savoureuse, et d'une très-facile digestion ; vous ne serez donc que fort médiocrement trompés, lorsqu'une marchande sera parvenue à vous vendre une barbue pour un turbot. Le cas échéant, ne faites pas assembler le Sénat ; accommodez votre barbue comme vous eussiez fait d'un turbot, et je vous garantis que vous n'aurez pas sujet de vous en plaindre.

La *Sole* a un volume beaucoup plus modeste que les deux pleuronectes dont il vient d'être question ; mais c'est le seul défaut que l'on puisse lui reprocher, car aucun poisson ne l'emporte sur la sole, aucun n'est plus savoureux. Est-il bouchée plus parfaite qu'un filet de sole bien et dûment enveloppé de beurre frais et rehaussé d'une goutte de jus de citron ? Mais dame ! il en faut beaucoup de ces filets de sole pour satisfaire un appétit des plus ordinaires ; c'est là le *hic* pour les modestes fortunes.

Pour des personnes qui ne s'y entendent qu'imparfaitement, il est aisé de confondre la sole avec la limande de petite taille (1); il est donc bon de leur donner le moyen d'établir la différence entre ces deux poissons : la sole est plus longue, plus oblongue ; sa forme est assez celle d'une langue ; c'est pour cela, que les Espagnols l'appellent *lenguado :* sa bouche est tordue du côté opposé à celui des yeux ; elle est d'un brun foncé de ce côté, et d'un blanc sale de l'autre ; sa peau, enfin, est beaucoup plus lisse que celle de la limande. — Les marchandes usent d'un petit stratagème pour transformer en *sole* ce dernier poisson : comme la limande est un peu plus large, elles rognent ses nageoires de chaque côté, et la rendent ainsi relativement plus longue.

La *Limande* a donc le corps plus haut que celui de la sole ; sa peau est assez rugueuse pour lui avoir valu le nom latin de *lima*, dont le sien est dérivé; la qualité de sa chair est très-inférieure à celle de la sole, avec laquelle, avons-nous dit, les marchandes voudraient bien la confondre. On peut encore reconnaître la limande à sa tête plus pointue, et à une ligne saillante qu'elle porte entre les yeux. La limande est un poisson très-commun sur nos côtes; et en raison de son bon marché, il constitue la sole des petits ménages.

La *Plie* ou *Carrelet* affecte, comme le turbot, la forme rhomboïdale ; comme le turbot, elle a des tubercules, mais seulement au nombre de 6 ou 7 qui sont distribués entre les yeux. De plus, elle est mouchetée, sur son côté foncé, de taches d'une couleur

(1) Surtout avec la Pole (*Pleuronectes cynoglossus*).

rouge-jaune; enfin, ses yeux sont placés ***du côté droit,*** tandis que nous avons vu que ceux du turbot sont placés du côté gauche. La plie est un manger très-estimable quoique n'ayant pas la finesse du turbot.

Le *Flétan* est le géant de la famille des pleuronectes; je doute qu'il figure souvent à l'étalage de nos mar chandes de poissons ; car cette grande espèce appartient aux parties éloignées de la mer du Nord, et elle ne doit s'aventurer que fort rarement sur nos côtes ; je n'en parle donc que pour mémoire. Les flétans sont quelquefois énormes ; ils pèsent souvent jusqu'à 200 kilog.; les peuples du Nord les salent et les font sécher de la même façon que les morues ; ils deviennent alors une précieuse ressource pour leur alimentation pendant l'hiver.

Le *Congre* appartient à une famille dont nous avons déjà cité l'individu-type, l'anguille. Il est plus connu sous le nom d'***anguille de mer***, et a été, fort longtemps, relégué au dernier rang par les consommateurs ; maintenant on l'apprécie davantage ; on a fini par s'apercevoir que la chair du congre est très-saine, très-agréable, et aujourd'hui ce poisson tient une place honorable sur les tables parisiennes. Les Espagnols font grand cas de ce poisson.

On faisait autrefois un grand commerce de congres *secs* qui étaient préparés de la même façon que les morues (dried cod), et que l'on expédiait aux Açores et aux îles du Cap-Vert.

Le congre commun atteint parfois deux mètres de longueur et un diamètre de 15 centimètres ; sa peau est d'un gris-clair uniforme : ces deux particularités le distinguent du *myre,* autre espèce de congre, qui se pêche dans la Méditerranée, et qui, moins grand que le congre commun, a la tête mouchetée de taches brunes. Les gourmets affirment que la chair du myre est plus délicate que celle du congre.

Je cherche en vain, autour de nous, un autre poisson de la famille des anguilles, que je voudrais bien pourtant vous faire examiner; car la *Murène* a joui d'une grande célébrité chez les Romains. — Nourries dans des piscines luxueuses, les murènes ont été, de la part des dames romaines, l'objet d'un engouement qui prenait parfois les proportions d'une véritable passion : la fille de Drusus, une élégante de l'époque, éprouvait pour ces repoussantes bêtes, une tendresse égale à celle des dames de notre temps pour leurs king-charles ou leurs angoras ; elle ornait, dit-on, leurs têtes hideuses de boucles d'oreilles splendides. Ces folies sentimentales d'une jolie romaine pour un animal fort laid, étaient choses très-ordinaires dans un pays qui devait voir un empereur élever son cheval à la dignité de consul ; elles étaient, d'ailleurs, fort tolérables, si on les compare à une autre façon imaginée par Vedius Pollion de festoyer ces anguilliformes. — Cet homme, — qui devait être excessivement aimable, car il était un des favoris d'Auguste, — faisait, de temps à autre, jeter un esclave dans la piscine où il nourrissait ses murènes. C'était pour Vedius un spectacle tout à fait réjouissant, de voir ce nouveau Laocoon se tordre et se débattre longtemps sous les morsures de centaines de ces animaux qui finissaient par le dévorer. Il paraît que les murènes nourries de cette façon étaient infiniment supérieures à celles que l'on mange aujourd'hui : on a laissé perdre les bonnes traditions.

En maintes circonstances, je vous ai parlé, mes amis, des précieuses qualités qui distinguent, parmi toutes les autres, la famille des gadoïdes ; il me reste à dire quelques mots de deux ou trois poissons, autres que le cabillaud, qui appartiennent à cette famille.

La *Merluche* est une petite morue dont la longueur ne dépasse pas 70 centimètres ; elle se distingue de la morue proprement dite, en ce que la peau de cette dernière est mouchetée de quelques points jaunâtres, tandis que celle de la merluche est d'un ton gris plus uniforme. Remarquez également que, de même que le merlan, elle est privée des barbillons de sa race.

Cette espèce abonde dans le golfe de Gascogne et dans la Méditerranée : sur ces deux points on en pêche des quantités considérables qui sont séchées ou simplement salées *en vert* de la même façon que la morue. La merluche, à l'état frais, est un peu inférieure au cabillaud ; mais ce n'en est pas moins un mets tout à la fois agréable, nourrissant et d'une facile digestion.

L'*Eglefin* ou *egrefin* est le cabillaud des Bretons ; on trouve, en effet, ce poisson en abondance sur les côtes de Bretagne. Il est reconnaissable par la couleur gris-brun de son dos, et le gris argenté de son ventre; il a, de plus, une tache noirâtre derrière chacune de ses pectorales, ainsi qu'une ligne de la même couleur tout le long de ses flancs.

La chair de l'eglefin se rapproche beaucoup, comme saveur et qualité, de celle du cabillaud; c'est un poisson parfait.

Le *Merlan* est le plus petit des membres de la famille des gadoïdes (à part le capelan); il en est aussi le plus coquet : vous connaissez depuis longtemps ce joli poisson argenté, il est donc superflu d'en faire le portrait; je vous ferai pourtant observer que le merlan diffère de l'espèce morue (exceptons la merluche) par l'absence complète de la petite barbiche qui orne invariablement le menton de ses autres parents.

La valeur gastronomique du merlan est également trop connue pour qu'il soit nécessaire d'appuyer sur ce point : chacun sait que la chair du merlan joint à une saveur parfaite la précieuse propriété de se digérer facilement.

Lorsqu'un malade est tiré d'affaire, la première concession que fait le médecin à son appétit renaissant, est de permettre un petit merlan.

« Vous entendez? un *petit* merlan » dit-il, en soulignant le mot « petit ».

« C'est entendu, docteur; un petit merlan. »

Et le gaillard s'empresse de faire chercher, dans tout Paris, le tambour-major de la légion des *merlangus;* il le voudrait gros comme une baleine. Aussi gros qu'il puisse être, cet excellent poisson passe comme une lettre à la poste; et le lendemian, c'est avec un petit air narquois que notre malade reçoit la visite de son prudent docteur.

J'aperçois là-bas de fort jolis spécimens de la puissante tribu des *Percoïdes*. Cette nombreuse famille renferme peut-être plus d'une centaine d'espèces que je ne songe certes pas à énumérer; bornons-nous à examiner quatre d'entre elles que l'on rencontre plus habituellement sur nos marchés, et que nous avons précisément sous les yeux. — Remarquons, avant tout, que les poissons que nous avons vus jusqu'à présent, avaient les nageoires dorsales plus ou moins molles et flexibles, tandis que, chez ceux-ci, elles sont armées de véritables dards.

Voici d'abord la *Vive*, qui tire son nom du latin *viva*, parce que, lorsqu'on la sort de l'eau, son agonie se prolonge fort longtemps. C'est un excellent poisson, d'une chair ferme et facile à digérer, mais que nos pêcheurs ne saisissent qu'avec appréhension, et en prenant beaucoup de précautions, attendu que, comme vous le voyez, ses opercules sont armés d'une certaine épine dont la piqûre est extrêmement douloureuse. La Vive est admirablement dotée sous le rapport des couleurs : rien n'est plus brillant, plus chatoyant qu'une espèce de vive que l'on pêche dans la Méditerranée. On rencontre également ce poisson sur les côtes de l'Océan.

Le véritable *Rouget*, de même que la vive, joint à la splendeur de ses couleurs, les qualités plus solides de sa chair exquise. — Les Romains, qui s'y entendaient, et qui poussaient le goût pour les poissons au point d'entretenir, à grands frais, des experts, des dégustateurs qui étaient chargés de déterminer leur origine ; les Romains, avaient pour le rouget une prédilection toute particulière.

Cicéron avait donné à l'orateur Hortensius le surnom de *Piscinarius,* parce que ce gourmet appliquait une partie de son temps à ses rougets et à ses piscines.

Suétone, qui se plaisait à entrer dans les détails de la vie intime de ses concitoyens, raconte que dans une circonstance, trois rougets furent payés la bagatelle de 6,000 francs de notre monnaie actuelle, qui représentent, au bas mot, une valeur quintuple, soit 30,000 francs au commencement de l'ère chrétienne.

Il paraît que c'était moins la gourmandise, qu'un autre sentiment, qui leur faisait commettre ces extravagances pour le rouget : ce poisson, dont le dos est d'un rouge magnifique et le ventre d'un blanc métallique chatoyant, a la propriété, dans son agonie, de passer par la gamme de tous les tons qui dérivent de ces couleurs.

Les Romains se divertissaient donc infiniment à ce spectacle; et pour en jouir à leur aise, sans dérangement, ils espaçaient, sur les 60 kilomètres qui séparent Rome du littoral, une nuée de coureurs, formés en relais, qui leur apportaient, en moins de trois heures, des rougets tout vivants qu'ils plaçaient alors dans un bocal disposé de façon à ne rien laisser échapper des splendeurs de leur agonie : ils avaient, par-dessus le marché, la satisfaction de les manger dans un état de fraîcheur incontestable. Tout cela devait être fort agréable ; mais 30,000 francs! c'est bien aussi quelque chose.

Aujourd'hui, le rouget meurt sans autant d'apparat, et nous le trouvons d'autant meilleur, qu'il ne nous coûte qu'un prix fort raisonnable.

Le *Surmullet* est un poisson qui n'a pas les qualités comestibles du rouget. On le rencontre principalement sur les côtes de l'Océan. Il diffère du rouget, d'abord par la taille, car il est plus grand; ensuite parce qu'il est marqué de lignes longitudinales d'un jaune semblable à celui de ses nagoires. Quoique inférieur au rouget, le surmullet est encore un très-bon poisson : à Bayonne, on a l'habitude de l'envelopper dans des feuilles de vigne avant de le mettre sur le gril.

Le *Bar* est le plus grand des percoïdes que nous voyons habituellement à la halle; sa taille atteint quelquefois 1 mètre, et il pèse alors de 8 à 10 kilos. Il remplace, dans ces conditions, et sans trop de désavantage, le turbot sur les tables fastueuses. La chair du bar est blanche, assez compacte, et pourtant fort délicate : comme le rouget, il abonde dans la Méditerranée ; mais on le rencontre également sur les côtes de l'Océan. Les Bretons le nomment *Drineguec* (quant au rouget, ils l'appellent *Arlicon*) ; les Marseillais lui conservent le nom de *Loup de mer*, qui est plus conforme à l'appellation latine. Lorsqu'il a atteint l'âge adulte, la couleur générale du bar est argentée, et l'on remarque qu'avant cette époque sa peau est tachetée de brun.

Ces trois derniers percoïdes peuvent vivre dans

l'eau douce ; il y a donc lieu d'espérer que leur culture ne présentera pas de sérieuses difficultés.

Voici maintenant un poisson dont la famille porte un nom générique (*Joues cuirassées*) qui indique suffisamment le caractère distinctif de la race. En effet, les poissons qui lui appartiennent ont la tête cuirassée d'une façon particulière : chez eux, l'os sous-orbitaire, au lieu d'entourer simplement la base de l'œil, se prolonge et s'étend sur la *joue* de l'animal.

Le *Grondin* que nous avons sous les yeux, doit son nom à une sorte de grondement qu'il fait entendre lorsqu'on le sort de l'eau ; c'est le seul poisson de la famille des *Joues cuirassées* qui figure fréquemment à l'étalage de nos marchandes. Il se fait remarquer par la grande plaque sous-orbitaire qui lui couvre complétement la joue, et par la conformation anguleuse de sa tête. La chair du grondin est de médiocre qualité.

Certains *poissons volants* appartiennent aussi à cette famille des *joues cuirassées;* je ne vous les montre pas, et pour cause. Un autre poisson, le plus petit et en même temps le plus curieux de cette race, l'*Epinoche* en un mot, fait également partie de cette famille.

Autant les joues cuirassées sont peu intéressantes au point de vue de l'alimentation, autant la famille des *scombres*, dont nous allons examiner quelques individus, est digne de toute notre attention. Le *Maquereau* est le poisson-type de cette famille. Nous avons parlé de ce précieux poisson dans le chapitre consacré aux *poissons conservés;* occupons-nous maintenant des autres individus de sa race.

Le *Thon*, de même que le maquereau, est un poisson de passage; il fait son apparition principale sur les côtes de la Méditerranée à certaines époques de l'année. Le besoin de trouver un endroit favorable pour frayer, est la cause de cette visite périodique; et tout fait supposer que, de même que le hareng, la sardine, etc., le thon, après avoir rempli ce devoir naturel, retourne dans les profondeurs de la mer, sans s'écarter beaucoup du lieu de sa ponte, et y séjourne jusqu'à l'année suivante.

On profite donc de l'époque du frai pour faire la pêche de ce scombre, dont la taille est quelquefois de 4 et même 5 mètres, et qui pèse alors plus de 500 kilos. L'un des meilleurs tableaux de Vernet, notre peintre populaire de marines, représente une de ces pêches, une de ces tueries, dans lesquelles il n'est pas rare de ramasser 50 et 60,000 kilos de poisson d'un seul coup de filet : voici, en quelques mots, comment cette pêche se pratique.

Lorsqu'une bande de thons est signalée, de nombreux bateaux, sous la conduite d'un bateau-*amiral*, quittent le rivage et manœuvrent de façon à former un vaste hémicycle qui place la bande de poissons entre les bateaux et la plage. Convenablement espacés, ils jettent leurs filets flottants (*thonaires* de *courantille)* de manière à remplir les vides qui les séparent; et ils reviennent vers la côte en rétrécissant leur cercle peu à peu. Les thons effrayés par ce mouvement et tout ce bruit, sont forcés de se rapprocher de la côte; de nouveaux filets ferment alors complètement l'enceinte qui se rétrécit toujours davantage; et enfin, un grand filet les ramasse, les amène plus près encore du rivage : ils sont alors massacrés à coups de crocs.

Une autre manière de pêcher le thon se nomme *pêche à la madrague* ou aux *bordigues*. Elle diffère de la première, en ce que les filets sont fixés verticalement sur le bord de la mer avec des pieux et des câbles, de manière à représenter des labyrinthes qui se terminent par un cul-de-sac que les provençaux nomment *carpon* ou encore *chambre de mort*. Un très-long filet qui se nomme, je crois, *thonaire de poste,* est placé dans un sens tel que la bande de thons soit arrêtée dans sa marche le long de la côte; elle cherche, alors, à passer l'obstacle en prenant le large; mais elle rencontre les ouvertures du labyrinthe, elle s'y engage, et après s'être égarée dans ses contours, elle arrive fatalement à la « chambre de mort » où les pêcheurs, armés de crocs, attendent les pauvres poissons, et en font une boucherie effroyable. C'est cette scène d'extermination que Vernet a si bien rendue.

Le thon est un poisson dont la chair est fort estimée; elle ressemble suffisamment à celle du veau pour que des contrefacteurs aient songé, à une époque où ce scombre était fort cher, à fabriquer un pseudo-thon en faisant mariner des tranches de veau dans une huile *anchoisée*. Voilà, certes, un assez joli barbarisme zoologique; il est d'autant plus effronté, que ce qui différencie la chair du thon de celle du veau, c'est que, autant cette dernière est légère et facile à digérer, autant celle du scombre est lourde et d'une digestion difficile.

Paris consomme environ 12,000 kilos de thon *mariné;* c'est une fort petite consommation qui prouve que ce hors-d'œuvre n'y est pas très-recherché. Depuis l'établissement du chemin de fer de Lyon-Méditerranée, le *thon frais* commence à arriver jusqu'à Paris en quantités notables; il s'y vend, au détail, de 1 fr. 80 à 2 fr. le kilogramme.

La *Thonine* est un petit thon qui ne dépasse pas un mètre de longueur et qui vit également dans la Méditerranée. Ce poisson se fait remarquer par sa magnifique couleur bleue, et, paraît-il, par la persistance qu'il met parfois à accompagner les navires. Le docteur Prosper Kœnig me racontait que, dans une traversée qu'il fit naguère dans la Méditerranée, le navire fut escorté, pendant deux ou trois jours consécutifs, par un de ces beaux poissons bleus qui ne quittait pas l'*avant* du navire; ce qui doit éloigner l'idée que la gourmandise fût pour quelque chose dans le mobile qui le faisait agir.

La *Bonite* et la *Dorade* (qu'il ne faut pas confondre avec le poisson doré), le *Germon* sont également des scombéroïdes qui se pêchent dans la Méditerranée et surtout dans le golfe de Gascogne; mais ce sont des poissons qui n'apparaissent que fort rarement sur les marchés de Paris.

Dans cette rapide énumération des *poissons de mer* que l'on rencontre le plus habituellement à la halle de Paris, plusieurs espèces fort estimables ont dû, certainement, échapper à nos regards et à notre mémoire ; mais je crois pouvoir affirmer que nous n'avons omis aucune de celles qui sont d'une utilité réelle, d'un usage journalier dans l'alimentation. Restons-en là : faire davantage, ce serait sortir du cadre modeste que nous nous sommes tracé. Il me reste d'ailleurs, mes amis, à vous parler des hommes qui pêchent ces poissons et nous les fournissent; nous ne saurions nous dispenser de consacrer quelques-uns de nos instants à ces vaillants travailleurs, ainsi qu'à leur industrie si pénible et non moins périlleuse, car nous leur devons, à tous les égards, ce faible témoignage de notre intérêt : ils nous donnent bien davantage.

Je vous ai dit, en commençant, que plus de cinquante mille marins, espacés sur tout le littoral français qui s'étend depuis Dunkerque jusqu'à Nice, consacrent leur vie à la *pêche du poisson frais.* Pour quelques-uns d'entre eux, déjà vieux, c'est une manière d'utiliser ce qu'une longue et rude carrière leur a laissé de vigueur ; pour beaucoup d'autres, c'est un apprentisage, une initiation à la dure existence du marin : enfants, ils puisent, dans l'atmosphère virile de la mer, cette séve puissante qui les développera physiquement de bonne heure ; dans les luttes corps à corps qu'ils soutiennent incessamment avec le péril, le cœur prend chez eux, avant l'âge, cette trempe sauvage qui résiste, plus tard, à tous les chocs de l'adversité.

Je n'ai jamais pu voir, sans une sorte de respect,

ces pauvres petits marins dont l'enfance est radicalement supprimée, que la tyrannique nécessité a dépouillés des plaisirs de leur âge : allez donc jouer au cerceau, aux billes ou au ballon sur l'avant d'un bateau! tentez-y donc les délicieuses escapades de l'école buissonnière ! — Le fils du maçon, qui a passé sa journée à grimper sur une échelle, et à porter quelques augées de mortier à son père, nous le plaignons bien fort; mais le soir venu, il pourra, du moins, faire une de ces bonnes parties de barre sous les grands arbres; ou bien, il ira préparer dans une école les matériaux d'un avenir plus confortable; puis, il passera la nuit dans un lit, tel quel, mais enfin ce sera dans un lit : — tandis que lui, le petit pêcheur, à l'heure où tout le monde dort, il est encore à la mer, à la pluie et au vent, halant sur une manœuvre, aidant de ses petites mains à carguer une voile, recevant des coups de mer qui le mouillent jusqu'aux os, et des taloches qui ne sont pas plus agréables.

Le lendemain, en retournant à son bateau, il rencontrera, sur sa route, quelques heureux polissons de son âge, complotant la mise à sac d'un cerisier, et qui lui crèveront le cœur quand ils lui crieront : Hé! Pierre, viens-tu avec nous?

Cependant, il finit par s'aguerrir; après avoir pris son sort en patience, il le prend en habitude; et il arrive enfin un moment où la mer, le vent, le mauvais temps, la vie du bateau avec ses cent mille misères, deviennent pour lui une nécessité : c'est un marin.

Nos meilleurs matelots sortent de cette excellente école de « Mousses » qui s'appelle la *pêche côtière;* c'est parmi les jeunes pêcheurs que se recrutent, en partie, les équipages de nos navires marchands, et plus tard, les matelots de notre marine militaire.

La pêche côtière se pratique de deux manières différentes : soit à l'aide de *filets dormants*, soit à la *drague* et avec des *filets mobiles :* on pêche encore, mais plus rarement, à l'hameçon. La pêche au filet dormant consiste à aller poser sur un point donné d'une rade ou d'une côte, et presque toujours dans les courants, des filets qui sont fixés à l'aide d'une ancre à chaque extrémité, et dont on indique la place par de petites bouées convenablement placées. Ces filets, dont la base est alourdie par des plombs, sont maintenus dans la position verticale par des liéges ou autres systèmes de flotteurs.

Généralement, à la marée qui suit celle de la pose des filets, les pêcheurs reviennent et recueillent le poisson qui a été pris dans l'intervalle des deux marées; d'autres fois, au lieu de rentrer au port, ils profitent de ce temps pour pêcher à la « drague » : Celle-ci est un arc de fer très-pesant auquel s'adapte un vaste filet en forme de poche, et qu'on lance, à l'arrière du bateau, après l'y avoir assujetti par un système d'amarres assez longues pour lui permettre d'atteindre le fond de la mer. Le bateau file, soit à la voile, s'il y a du vent, soit à la rame, s'il fait calme plat, en traînant cette poche ouverte qui rae cle le fond, et ramasse tout le poisson qui se trouv- sur son passage : lorsque les pêcheurs jugent l'instant convenable, ils hissent la drague jusqu'au dessus du niveau de l'eau, recueillent le poisson qui s'y trouve, et la laissent retomber à la mer.

Les poissons pêchés à la drague ont besoin, plus que les autres, d'être consommés promptement : on conçoit que, secoués, ballottés comme ils le sont dans ce filet qui racle violemment le fond de la mer, leur chair doit se meurtrir, se contusionner, et conséquemment, être prédisposée à la décomposition. Aussi, remarque-t-on que les poissons pêchés de cette façon, n'ont pas la même qualité que ceux qui ont été pris par des moyens moins violents.

La pêche côtière donne des résultats très-variables : parfois, le bateau pourra terminer sa pêche, rentrer au port et en ressortir à la même marée; d'autres fois, il restera dehors pendant trois et quatre marées avant d'avoir pêché une quantité de poissons suffisamment rémunératrice. Quelquefois aussi, c'est le mauvais temps qui ne lui permet pas de regagner son port d'armement; alors, il n'a d'autre ressource que de chercher un refuge dans un port quelconque sous le vent, et lorsqu'il ne peut pas l'atteindre, il court des dangers d'autant plus sérieux, que la tempête le prend toujours près des côtes ou au milieu des bancs.

Lorsque le temps est mauvais, et que les bateaux sont dehors depuis deux ou trois marées, que d'inquiétudes dans les familles des pêcheurs! Les femmes, les enfants montent sur les falaises; sur les remparts, sur tous les points d'où l'on peut découvrir un plus vaste horizon. Avec quelle anxiété ils l'interrogent, lui demandent cette voile si connue qui doit leur ramener un père, un mari! quels regards suppliants ils adressent à cette mer impitoyable qui a déjà fait, autour d'eux, tant de veuves et d'orphelins! Mais c'est en vain, aucune voile à l'horizon! on ne voit que de lourds nuages qui s'enfuient, en se bousculant, sous le fouet de la tempête; et voilà la nuit qui vient! — Il faut quitter ce poste douloureux et rentrer au logis : hélas! la tempête redouble.

Des heures affreuses se sont écoulées : — dans la ville, tout dort de ce sommeil égoïste qui se berce au bruit des rafales du vent et de la pluie : vous chercheriez en vain trace de vie dans les rues. Cependant, en vous rapprochant du port, dans le quartier des pêcheurs, vous pourrez voir quelques rares maisons dont les fenêtres sont encore éclairées : mauvais signe, mes amis, cela veut dire que les pêcheurs n'ont pas pu rentrer à la marée du soir.

Voici, à notre portée, une fenêtre dont les volets laissent filtrer des jets de lumière; approchons-nous et regardons :

Dans la chambre que nous avons sous les yeux, tout respire ce bien-être, adorable de modestie, qui est le fruit de l'hymen de l'Ordre avec la Propreté. Voyez comme toutes choses sont rigoureusement à leur place; et comme tout cela reluit, étincelle.

Le parquet est sans tapis; mais il est recouvert d'une mince couche de ce magnifique sable blanc des Dunes, sur lequel le balai de la ménagère a tracé, sans la moindre prétention, les arabesques les plus gracieuses. Ce sable blanc a, de plus, pour mission, de protester pacifiquement contre les négligences de Pierre, lorsqu'il rentre de la mer avec ses grosses bottes toutes vaseuses.

Mais il est minuit, l'heure de la marée est passée; le temps est épouvantable, et Pierre ne revient pas! mon Dieu, qu'est-ce que cela veut dire?

Le poële, surexcité par la tempête, redouble ses ronflements et accompagne, en faux-bourdon, la bouilloire qui sifflote, en fausset, ses lamentables mélodies. L'horloge, accrochée au mur, essaie vainement, en battant son tac-tac imperturbable, de rappeler à la mesure les deux virtuoses écervelés. Ces pauvres petits bruits rendent plus navrant encore le silence des deux femmes, l'une déjà vieille, l'autre dans toute la vigueur de la vie, qui tricotent auprès du poële sans souffler mot, sans oser se regarder : le bruissement fiévreux de leurs aiguilles, perceptible dans le silence de cette scène, ajoute encore à sa profonde tristesse.

De minute en minute, cependant, la tempête vient étouffer, sous son fracas épouvantable, les chansons de la bouilloire et les grondements du foyer : les autres musiques du silence se taisent également. — On entend un brouhaha, des hululements lointains qui grossissent et se rapprochent avec une rapidité foudroyante : c'est le vent qui, en passant sur la tour, ramasse un lambeau des notes funèbres lancées sur la ville par la trompette des veilleurs de nuit : il y ajoute les sifflements lugubres arrachés, dans sa course, aux cordages des navires amarrés dans le port ; et le voilà qui se précipite sur la maison, secouant dans leurs gonds la porte et les volets, sifflant, hurlant dans toutes les ouvertures, mugissant dans le tuyau de la cheminée, et refoulant par la bouche du poële, une langue de flamme que suit une bouffée de noire fumée : tout craque, tout siffle, tout gémit ; les tuiles du toit se soulèvent et retombent.

Puis, le fracas diminue, ce n'est plus que du bruit ; le bruit s'éloigne, ce n'est plus qu'un murmure ; la rafale est déjà bien loin, mais dans une minute, il en reviendra une autre.

Le silence se fait plus lourd que jamais ; le poële et la bouilloire mettent la trève à profit pour reprendre, au point où ils l'ont laissée, leur triste mélopée, qui est bientôt interrompue par la nouvelle bourrasque dont l'avant-garde siffle déjà sous la porte : vouï —ii—i—iii...

« Jésus ! quelle tempête ! » fait la plus jeune des femmes pour dire quelque chose.

La vieille se tait et continue à tricoter ; cependant après quelques minutes :

« Dorment-ils, les enfants, Thérèse?

— Oui, mère; je ne les ai pas entendu remuer. »

Nouveau silence que la tempête bouleverse de fond en comble par intervalles ; — sans elle, ce serait le silence de la mort.

« Pauvres petits ! » dit enfin la vieille, en suivant, sans doute, le fil d'une longue pensée.

Après une pause plus longue encore, elle reprend :

« Il y aura tantôt neuf ans que, par une pareille nuit, ils m'ont rapporté mon pauvre Louis ; le père de votre homme, Thérèse.

— Jésus ! ne dites pas ces choses-là en ce moment, mère, vous me faites mourir : j'ai peut-être aussi perdu mon mari, à l'heure qu'il est ! »

Oui—ii—ouii—ii—i... fait le vent en sifflant sous la porte.

Autre silence que l'horloge interrompt à son tour en annonçant, par des grincements de rouages, qu'elle va sonner deux heures du matin.

« Voilà deux heures ; allez vous mettre au lit, Thérèse ; je veillerai bien toute seule pour attendre mon fils.

— Mère, vous savez bien que je n'en ferai rien. Me coucher ! quand peut-être mon pauvre Pierre.... » elle ne peut achever, suffoquée par les larmes.

Une heure s'écoule encore ; la tempête s'est apaisée ; le poêle oublié s'est éteint ; la bouilloire s'est tue ; rien ne troublerait plus le silence de la triste demeure, si ce n'étaient les larmes de l'épouse, les prières murmurées par la mère.

Enfin, un bruit lointain de pas arrive jusqu'à elles ; ce sont bien....? oui, ce sont bien des pas alourdis par les bottes des pêcheurs.

« Le voilà ! s'écrie la jeune femme radieuse. — Mais.... Pierre n'est pas seul ! ajoute-t-elle en remarquant que les pas sont nombreux. — Qu'est-ce que cela signifie?... »

La vieille mère tressaille ; ce n'est pas la première fois qu'elle entend ces pas lentement cadencés et plus appesantis que d'habitude : un souvenir qui date de neuf ans se réveille dans son cœur et le déchire.

On s'arrête à la porte ; elle s'ouvre :.... deux jambes étendues se présentent d'abord ; puis un corps ruisselant d'eau, porté par deux pêcheurs que suivent plusieurs autres ; aucun d'eux ne sait comment rompre le funèbre silence.

« Mon Dieu! Pierre est mort! » s'écrie Thérèse; et elle retombe, pâmée, sur sa chaise.

La mère se redresse, pâle, effrayante sous le poids de ses deux douleurs : — « Mettez-le là! articule-t-elle sourdement en désignant son fauteuil ; c'est là que l'on a déposé son père... Merci, mes amis..; prenez garde de réveiller les enfants. »

La rue se remplit de bruit; des fenêtres et des portes s'ouvrent et se referment ; des clameurs, des cris éclatent de toutes parts : ce sont d'autres cadavres recueillis sur la plage, que l'on rapporte à d'autres familles..............................

. . . .

Le lendemain, les bons Parisiens étaient d'une humeur massacrante ; ils pestaient comme des diables, et ne savaient à qui s'en prendre, parce que « le poisson était hors de prix. »

CHAPITRE VI

POISSONS D'EAU DOUCE

Si tous les produits n'étaient pas également respectables dans les questions si complexes de l'alimentation, du commerce et de l'industrie, je serais tenté de vous annoncer, mes amis, que nous en avons fini avec la partie sérieuse de la petite tâche que nous nous étions tracée, mais je reconnais qu'il ne serait ni logique, ni équitable de négliger, de propos délibéré, une classe d'aliments et une branche de commerce; parce qu'elles auraient le tort de ne nous offrir, relativement aux précédentes, que des mets moins abondants, des événements moins dramatiques, et des travailleurs d'un type moins accentué.

Les poissons d'eau douce occupent, d'ailleurs, une place honorable dans la boutique de notre marchande, et quelques-uns d'entre eux, tels que les carpes et les brochets, arrivent sur nos tables comme un appoint d'une certaine valeur dans notre alimentation. Tous les autres sont également intéressants à plus d'un titre; tous, sont d'une utilité manifeste, et nous aurions mauvaise grâce de leur reprocher d'avoir été pêchés par des marins d'eau douce. Cependant, après en avoir audacieusement retranché, comme nous venons de le faire, tous ceux qui participent aussi de la vie marine, tels que le *saumon*, l'*anguille* et l'*alose*, etc., il faut reconnaître que les poissons d'eau douce proprement dits ne jouent plus qu'un rôle tout à fait secondaire dans l'alimentation parisienne. Voici, à l'appui de cette assertion, un tableau qui donne le chiffre approximatif de la consommation à Paris, des *poissons d'eau douce,* pendant une période de cinquante ans (1).

ÉPOQUES	QUANTITÉS évaluées en poids	CONSOMMATION MOYENNE PAR TÊTE	
		par an	par jour
1804	293.700 kil.	457 grammes	1 gramme 32
1817	244.762 »	343 »	0 » 23
1826	368.365 »	491 »	1 » 34
1846	477.923 »	453 »	1 » 23
1851	525.004 »	498 »	1 » 34
1853	690.075 »	655 »	1 « 80

Il est bon de remarquer que ces chiffres comportent toutes les espèces de poissons qui ont été *pêchés en eau douce*, et conséquemment les *anguilles*, qui y figurent pour plus d'un cinquième; les *saumons*, etc., etc.; que si l'on se borne aux *poissons d'eau douce* proprement dits, le chiffre, déjà si minime de

(1) A. Husson : *les consommations de Paris.*

cette consommation parisienne, se réduit encore et devient vraiment insignifiant.

Prenons pour exemple l'année 1853 qui donne le chiffre le plus élevé, et nous trouvons que sa consommation, divisée par espèces de poissons, est approximativement (1) :

Carpes.	100.123	kilog.
Brochets.	132.390	»
Perches.	8.995	»
Tanches.	27.720	»
Brêmes	15.153	»
Barbillons.	21 474	»
Goujons.	17.910	»
Poissons blancs (ablettes etc.)	117.274	»
Écrevisses pattes blanches.	17.000	»
Écrevisses pattes rouges. .	74.000	»
	532,039	kilog.

Soit environ : 0 kil. 500 grammes par habitant et par année (en y comprenant les écrevisses). Dans ces quantités, les poissons élevés dans les étangs de la Bresse et du pays de Dombes sont les plus nombreux, mais sont aussi moins appréciés que les poissons de rivières, et, plus spécialement, que les poissons de Seine, dont on fait le plus grand cas.

La pêche de rivière est généralement connue; cependant je ne crois pas inutile de vous parler de quelques-uns des engins qu'on y emploie.

La *pêche à la ligne*, qui a été l'objet de toutes les plaisanteries imaginables, est plutôt un divertissement qu'une industrie. Trop rarement, en effet, elle donne des résultats suffisamment rémunérateurs,

(1) A. Husson : les *Consommations de Paris.*

pour qu'un homme puisse lui consacrer un temps plus précieux que celui de ses loisirs.

Un pêcheur à la ligne *flottante* doit réunir le calme à la patience et à la résignation ; trois qualités, je dirai trois vertus qui semblent pourtant incompatibles avec l'ardente passion qui le consume. Regardez-le, les pieds dans l'eau, la nuque dévorée par le soleil, le visage et les mains harcelées par des moustiques ; il ne bronche pas : immobile comme un Terme, le bras tendu, les yeux cloués sur un bouchon qui le fascine, le magnétise, il en attend anxieusement un frémisement pour donner, lui-même, signe de vie. — Ne lui parlez pas, il restera muet ; ou bien il vous répondra à voix basse, par quelque monosyllabe qui voudra dire poliment,— car il est très-poli,— « Allez-vous en ; laissez-moi tranquille ! — » Le bouchon seul a droit d'interpellation ; et encore, est-ce par signes.

Revenez dans deux heures; il est toujours là, dans la même position : pêcheur et bouchon sont momifiés ; et lorsque la nuit étant venue, il faut plier bagage, il revient placidement au logis. A défaut de poissons, il y rapporte ses trois précieuses qualités qui sont, quoi qu'en disent messieurs les rieurs, les plus solides garanties du bonheur de son foyer. — Le lendemain, la chance tourne, le guignon l'abandonne, et un joli petit barbillon figure triomphalement au souper de la famille ; il n'en faut pas plus pour compenser huit nouvelles journées d'infortune.

Il est une autre classe de pêcheurs à la ligne dont le système nerveux, plus développé, ne saurait se faire à ce régime de pétrification. Celui-ci se sert de la *ligne à fouetter;* s'il lui faut une égale dose de patience et de résignation, la vie se manifeste au moins dans sa personne, par un mouvement périodique du bras qui lance la ligne avec ses trois hameçons, la retire, et la lance de nouveau.

Les pêcheurs à la *mouche artificielle* sont les artistes de la corporation. Ce n'est pas chose facile que de bien lancer une mouche; si vous le faites lourdement, l'insecte artificiel tombe sur l'eau bruyamment et fait fuir le poisson au lieu de l'attirer; il faut, par un mouvement de retrait sur la ligne, arrêter la course de l'appât au moment où il va tomber dans l'eau, de manière qu'il arrive à la surface du liquide avec les allures et la légèreté d'une mouche véritable qui viendrait s'y poser. Il faut vraiment beaucoup d'adresse et d'habitude pour obtenir ce résultat.

Il est, enfin, une autre manière, — ce serait la mienne, — de pêcher à la ligne sans qu'il soit nécessaire de posséder aucune des vertus énumérées ci-dessus; je veux parler de la pêche à la *ligne de fond :* le bouillant Achille, lui-même, pourrait pêcher de cette façon. Il suffit de se munir d'une ficelle ayant, en longueur, un peu plus de la largeur du cours d'eau dans lequel il s'agit d'opérer; vous attachez sur sa longueur quelques ficelles très-courtes; au bout de celles-ci sont fixés les hameçons congrûment amorcés; puis, après avoir amarré l'un des bouts de cette ligne à une pierre, à une racine ou à tout autre objet capable de la maintenir, vous attachez une pierre à l'autre bout et vous la lancez du côté opposé de la rivière; votre ligne coule à fond; tout est dit.

Vous pouvez, après cela, aller vous coucher et dormir paisiblement jusqu'au lendemain matin, pour peu que votre conscience ne vous reproche pas quelque défaut de permis de pêche. Le lendemain, vous revenez de bonne heure; vous relevez vos lignes et recueillez le poisson qui s'est laissé prendre; à moins, cependant, que quelque maraudeur plus matinal ne vous ait devancé dans cette visite.

La pêche aux filets est infiniment plus productive que la pêche à la ligne : les engins de cette pêche sont de différentes formes, et portent différents noms; les principaux sont : le *carrelet*, l'*épervier*, la *senne* et le *tramail.*

Le *Carrelet* est le filet le plus généralement employé : il consiste en un filet carré plus ou moins large, dont les angles sont maintenus à leur *maximum* d'écartement par deux grands arcs de cercle en châtaignier ou tout autre bois flexible, qui se croisent à angle droit. Une corde est fixée au point d'intersection des cerceaux, et, passant par une poulie fixée elle-même au bout d'une perche inclinée, elle est saisie par le pêcheur : une pierre, placée dans le milieu du filet, l'entraîne au fond de l'eau, et lui donne aussi la forme concave lorsqu'il est soulevé. Quand l'eau est trouble, et ne permet pas au pêcheur de saisir l'instant du passage des poissons au-dessus du carrelet, il opère au *jugé* et relève son filet lorsqu'il croit l'instant favorable; quand l'eau est limpide, il opère plus artistement; mais, dans les deux cas, il doit observer de relever son carrelet avec d'autant plus de célérité qu'il approche de la surface. Lorsque la rivière est accessible, au lieu d'une perche immobilisée et d'un halage à la poulie, le pêcheur fixe directement son carrelet au bout d'une perche légère et maniable, qu'il plonge et relève à force de bras.

La pêche à l'*Épervier* exige infiniment d'habitude et de vigueur : l'*épervier* est un filet qui affecte la forme d'un cône très-évasé; à la base de ce cône, sont disposées des poches ou bourses, également en filet, destinées à arrêter le poisson; des balles de plomb sont attachées à la base, en assez grand nombre pour que l'appareil ait un poids que tous les bras ne sauraient manier facilement : au sommet du cône, est fixée une corde solide qui sert à ramener le filet. Avant de savoir bien lancer l'épervier, il faut avoir fait un long apprentissage de cet exercice, et l'avoir souvent payé par quelques bains involontaires, parfois dangereux : il s'agit, en effet, de donner, à cette lourde réunion de balles de plomb, une impulsion vigoureuse, tout en respectant certaines règles dans le *lancer*, que le poids de l'appareil rend d'une observation fort difficile.

Pour y parvenir, le pêcheur rassemble l'épervier, en s'efforçant de donner à ses plis la disposition de ceux d'un filtre en papier : — puis, il le rejette en partie sur son épaule gauche, ne conservant, sur son bras droit étendu, que ce qu'il en faut pour ne pas gêner le mouvement de lancement. — Il réunit alors dans la main droite, et en une seule poignée, la base du filet chargée de plomb; il la soulève à bras tendu, et puis, par un balancement horizontal et en même temps giratoire qui s'accélère et s'étend de plus en plus, il arrive à acquérir assez d'élan et de force d'impulsion, pour envoyer la masse à quelques mètres du bateau dans lequel il est placé. Il ouvre alors la main, et les plombs, sollicités par la force centrifuge, s'écartent du point de centre et forcent la base du cône à donner son *maximum* de développement : c'est donc sous la forme d'une surface de cercle que l'épervier tombe à l'eau. Les balles de plomb l'entraînent rapidement jusqu'au fond, et il emprisonne tous les poissons qui se trouvent sous sa surface développée.

Le pêcheur tire alors progressivement la corde attachée au sommet du cône et la soulève; sa base se rétrécit proportionnellement, et les blouses qui le terminent, arrêtent le poisson qui cherche à s'enfuir; bientôt les balles de plomb se réunissent tout à fait et complètent la fermeture de l'appareil : le pêcheur le hisse à bord de son bateau, recueille le poisson, et recommence la manœuvre.

Lorsqu'on pêche à l'épervier, il est essentiel de n'avoir sur ses vêtements aucun bouton, rien de saillant qui puisse s'accrocher aux mailles du filet. Sans cette précaution, il pourrait arriver qu'au moment du lancement, le pêcheur, entraîné avec l'épervier, eût besoin d'être repêché lui-même; et les poissons de rire : il faut éviter cela à tout prix.

La *Senne* est tout simplement un filet dont la

largeur varie suivant la profondeur des rivières où il doit être employé, et dont la longueur est également variable suivant leur largeur. A sa base, ce filet est alourdi par des plombs; la partie opposée est soulagée par des flotteurs : placé en travers d'un cours d'eau, il représente ainsi une haie qui s'oppose au passage du poisson. Quelquefois, on pêche à la senne seule; dans ce cas, après l'avoir maintenue pendant quelque temps en travers de la rivière, un bateau remorque rapidement une des extrémités qui pivote ainsi autour de l'autre extrémité fixée à la rive. Tous les poissons que le filet rencontre dans ce mouvement, sont rejetés vers la rive sur laquelle le bateau se dirige, et finissent par y être acculés. Les pêcheurs ramènent alors le bout mobile de la senne vers le bout fixe, et dès qu'ils se joignent, ils tirent le filet sur le rivage et ramassent le poisson.

D'autres fois, on installe un *tramail* en travers de la rivière : c'est un appareil composé de trois filets disposés en cloisons juxtaposées, dont la première est un filet à larges mailles; la seconde, un filet à mailles serrées; et la troisième, un filet semblable au premier. Des hommes placés sur les deux rives, à trois ou quatre cents mètres en amont, tiennent les deux extrémités d'une senne, et descendent la rivière, en chassant devant eux tous les poissons qui se trouvent compris entre ce filet dérivant et le tramail fixe. Arrivés à celui-ci, les poissons s'engagent dans la première cloison et passent assez facilement au travers de ses larges mailles; ou bien, s'ils sont gros, ils s'y étranglent; mais s'ils passent, ils se heurtent contre les mailles de la seconde cloison, qui, plus haute et moins tendue que les autres, va s'engager, sous l'impulsion du poisson, dans les larges mailles de la troisième cloison, et forme de véritables poches dans lesquelles l'animal se trouve emprisonné. Il est facile de comprendre que par cette manière de pêcher, on fait une véritable rafle de la totalité du poisson compris entre le filet dérivant et le filet dormant.

D'autres engins, tels que la *nasse*, le *tambour* et le *dideau,* servent également à prendre le poisson d'eau douce; mais le peu d'importance relative de leurs résultats me fait penser qu'il est superflu de les décrire.

La pêche des étangs doit être considérée comme la *grande pêche* des poissons d'eau douce; c'est elle, en effet, qui fournit la plus grande partie de ces poissons vendus sur les marchés.

Les étangs appliqués à la culture des poissons, et qui se pêchent généralement tous les trois ans, sont pourvus, un peu en arrière de la *chaussée* (c'est-à-dire de la digue qui arrête les eaux), d'un puisard, d'une sorte de trou de dix à quinze mètres de diamètre sur un mètre de profondeur, qui, lorsqu'on vide l'étang, conserve toujours une certaine quantité d'eau, tandis que le reste est asséché. La *chaussée,* ou digue, comporte toujours une vanne à la partie médiane, et une bonde de vidange dans le fond.

Quand on a décidé la pêche d'un étang, on commence par laisser écouler les eaux de la surface, en levant progressivement la vanne supérieure : à mesure que ces eaux s'écoulent, laissant peu à peu les rives à sec, les poissons, abandonnant celles-ci, se rapprochent de la digue où l'eau a toujours assez de profondeur. Pour que cette concentration des poissons se fasse sûrement, il est nécessaire d'opérer avec beaucoup de lenteur; sans cela, certaines espèces qui vivent très-bien dans la vase humide —, telles que les anguilles et les tanches —, au lieu d'accompagner l'eau dans son écoulement rapide, s'enfouiraient dans la boue, et seraient probablement perdues pour le pêcheur. Quand le niveau général de l'eau est arrivé à la partie inférieure de la vanne, la plus grande partie de l'étang est déjà asséchée, et si l'opération a été conduite avec tout le soin convenable, le poisson se trouve concentré vers la chaussée. On ouvre alors la bonde de vidange qui laisse écouler progressivement tout le reste de l'eau, moins celle qui restera forcément dans le *trou de pêcherie,* dont il est parlé plus haut. C'est dans ce trou, leur dernier refuge, que les poissons se sont réunis : on les ramasse avec des bourses ou, plus simplement, avec des seaux; et on les dépose dans des tonnes d'eau où ils peuvent se conserver vivants, pendant les quelques jours qui séparent l'instant de la pêche de celui de leur consommation.

Il faut avoir soin de profiter d'un temps sec pour transporter ce poisson; car un temps pluvieux, pourri, comme l'appellent les paysans, serait une cause certaine de mortalité, et par suite, de perte pour le pêcheur.

Tels sont, sommairement, les divers moyens employés pour s'emparer du poisson d'eau douce et pour en approvisionner les marchés. Nous allons maintenant, mes amis, passer en revue quelques-unes des espèces qui offrent le plus d'intérêt au point de vue gastronomique. Nous procéderons, si vous le voulez bien, de la même manière que pour les poissons de mer; c'est-à-dire que nous nous promènerons d'étalage en étalage.

Voici d'abord un monceau de petits poissons qui s'offre à nos yeux sous le nom peu scientifique de « *friture.* » Nous y voyons, réunies, une grande quantité d'espèces qui, toutes, appartiennent à la nombreuse famille des Cyprins; elles se font remarquer par la petitesse de leur bouche édentée, ainsi que par l'épaisseur de leur palais, improprement nommé, chez la carpe, *langue de carpe.* Les cyprins, quoique doués d'un robuste appétit, sont les moins féroces, les moins carnassiers des poissons : la plupart d'entre eux se contentent parfaitement d'un régime purement végétal.

L'*Able-éperlan*, poisson plus spécial à la Seine; le *Gardon*, ainsi nommé parce que, placé dans un vase contenant de l'eau, il se *garde* plus longtemps que les autres poissons ; l'*Ablette*, et, si je ne m'abuse, le *Meunier*, telles sont les variétés de la tribu des « Ables » que nous avons sous les yeux, et qui constituent ce que l'on appelle à Paris le « Poisson blanc. » C'est le plus inférieur, comme qualité, qui se vende à la halle; il n'offre donc qu'un intérêt secondaire; e me bornerai à vous parler du chef de la famille.

L'*Ablette* est un petit poisson dont la taille *maxima* ne dépasse pas 17 centimètres. Ses écailles qui ont eu, fort longtemps, une assez grande valeur, sont remarquables par leur peu d'adhérence ; elles sont, comme vous voyez, d'une blancheur nacrée sur les flancs, le ventre et les joues ; sur la tête et sur le dos, elles sont d'un bleu-verdâtre assez foncé. Autrefois, surtout, l'ablette était recherchée pour ses écailles dont on composait l'*Essence* d'*Orient*, avec laquelle on fabriquait les perles artificielles. On détachait, par le frottement, les écailles blanches de ce petit poisson, et après les avoir lavées à grande eau, on les malaxait, dans un mortier, jusqu'à ce qu'elles fussent réduites en une pâte qu'on lavait dans une nouvelle eau ; on enlevait ensuite, par décantation, les parties les plus menues et les plus légères qui étaient recueillies sur un filtre ; puis, pour éviter leur fermentation ultérieure, on les conservait dans l'ammoniaque : c'était l'Essence d'Orient.

Pour fabriquer les « perles artificielles » on versait une goutte de cette essence dans une petite sphère creuse de verre blanc, très-mince, que l'on agitait de façon que toute la surface intérieure fût bien recouverte de l'essence (qui faisait alors l'office d'un tain nacré) ; on faisait ensuite évaporer l'ammoniaque, et la pseudo-perle produite était enfin remplie de cire fondue qui lui donnait, à la fois, un peu plus de solidité et le poids d'une perle véritable.

Une petite ablette devait, un jour, me donner une idée de la somme de résistance que les poissons peuvent opposer à des moyens de destruction qui feraient, infailliblement, succomber la plupart des autres animaux. Les aventures incroyables de cette ablette méritent, d'ailleurs, que je vous les raconte.

Un jour donc —, il y a bien de cela sept ou huit ans —, je lisais tranquillement au coin de mon feu; lorsque, tout à coup, des exclamations insolites qui partaient de la cuisine, me firent dresser l'oreille :

« Un poisson! un poisson! » criait Catherine.

La brave fille eût crié: un merle blanc! un merle blanc! qu'elle n'aurait pas rompu, d'une manière plus baroque, le cours de mes pensées.

— Un poisson! que veut-elle dire? que diable a-t-elle à crier comme cela? me dis-je, tout ahuri, en me dirigeant vers le lieu du tumulte.

En arrivant dans la cuisine, je vis Catherine métamorphosée en point d'exclamation; ses yeux, sa bouche, ses bras ouverts témoignaient une profonde stupéfaction : ses regards guidèrent les miens vers la fontaine, dont le robinet, tout grand ouvert, ne laissait pourtant passer qu'un filet d'eau, et paraissait aussi plus long que d'ordinaire. En m'approchant davantage, je vis que le prolongement du robinet n'était autre chose que le corps, plus qu'à demi sorti, d'un petit poisson qui ressemblait d'autant mieux à une de ces gargouilles fantastiques de l'architecture du moyen âge, que, malgré l'oblitération du robinet, l'eau continuait à couler un peu ; il semblait la vomir par la bouche.

Saisissant délicatement l'animal entre le pouce et l'index, je parvins, en l'attirant doucement, à mener à bonne fin la parturition du robinet : c'était un cyprin, une petite ablette dans la fleur de l'âge ; elle était dépouillée de ses jolies écailles nacrées, et avait aussi une plaie d'une certaine étendue sur un de ses flancs.

Après l'avoir examinée, je la déposai dans un verre d'eau : elle ne bougeait plus, et j'allais faire jeter son cadavre; mais j'en fus détourné par quelques tressaillements qui annonçaient que la vie revenait chez le petit animal : cinq minutes plus tard, elle frétillait et nageait avec toute la vigueur désirable.

La scène se passait au premier étage d'une maison des Batignolles; et il y avait lieu de se demander par quel enchaînement d'aventures et de circonstances bizarres, un poisson, destiné à vivre dans la Seine, avait pu, sinon peut-être de son plein gré, du moins sans passer par l'intermédiaire d'un pêcheur, trouver un logis dans la cuisine d'une maison de Paris. La pensée, seule, peut accompagner cette ablette dans l'unique chemin qu'elle avait pu prendre pour y arriver; et on reste confondu de ce qu'en dehors de sa chance heureuse, elle a dû déployer d'adresse, posséder de vitalité, de résistance, pour échapper aux périls épouvantables qui l'ont assaillie pendant son voyage.

Elle passait dans les environs de Saint-Ouen, nageant de ci, de là, frétillant, butinant tout le long du chemin, lorsqu'elle se trouva inopinément en présence d'un objet singulier, qu'elle voyait pour la première fois : c'était un grillage de fer, à demi obstrué par des plantes, des débris de toute nature, et au travers duquel l'eau s'écoulait avec une certaine rapidité. Il n'y a pas d'animal aussi curieux que le sont les poissons : craintifs à l'excès, leur premier mouvement est de prendre la fuite quand un objet insolite se trouve sur leur passage ; mais pour peu que cet objet soit immobile , ils l'examinent d'abord de loin sous toutes les faces, finissent par s'en rapprocher peu à peu et ne l'abandonnent qu'après s'être assurés, vingt fois pour une, qu'il ne possède aucune qualité comestible, qu'il n'offre aucun moyen d'apaiser leur incessant appétit.

Notre ablette donc, attirée par les débris amoncelés autour du grillage, s'approche, flaire, examine, et ne remarquant, dans tout cela, aucune apparence d'hostilité, passe par une ouverture, et se trouve en face d'un second grillage, plus serré, au travers duquel l'eau file plus rapidement, et par intervalles réguliers. Elle examine de nouveau, hasarde enfin la tête dans une maille, et la voilà invinciblement entraînée dans un couloir obscur, où le courant de l'eau est si violent que, malgré toute sa vigueur, elle ne peut revenir sur ses pas : elle se trouve dans le tuyau d'aspiration de la pompe à feu de Saint-Ouen.

En moins d'une seconde, le courant la met en présence d'une porte de fer qui vient de s'ouvrir, et qui se referme violemment ; mais notre ablette a pu passer ; c'est un miracle si elle n'a pas été réduite en bouillie : elle en traverse deux ou trois autres de la même façon, au milieu d'un bruit de ferraille que l'obscurité rend plus effroyable encore ; et enfin, elle arrive dans un énorme cylindre de fer, dans lequel un piston, qui vient de monter, l'écrasera infailliblement quand il va redescendre : il redescend en refoulant l'eau devant lui avec une force effrayante : — « Cette fois-ci, tout est bien fini pour moi ! » dut se dire la pauvre bestiole ; mais non, une autre porte s'ouvre du côté opposé à celui par lequel elle est entrée, et la voilà entraînée, poussée comme une flèche par l'eau qui s'engouffre, en bouillonnant, dans un autre tuyau qui monte, monte toujours.

Dans cette nouvelle course furibonde, sous une pression de plusieurs atmosphères, elle est heurtée à tous les coudes que fait le tuyau ; ce n'est qu'à force d'agilité, de souplesse et de vigueur relative, que ce petit être résiste à tous ces chocs meurtriers ou les évite : enfin, une petite lueur apparaît tout là-bas ; une seconde plus tard, notre ablette se trouve rendue à la lumière ; elle est dans une eau tranquille : c'est le réservoir de Montmartre.

— « Ouf ! dit-elle sans doute, respirons un instant. »

Ce repos est de courte durée : en passant auprès du tuyau de distribution, le petit poisson y est entraîné par l'eau qui s'y engouffre, et le voilà qui recommence, à la descente, une course folle, semée d'autant de périls que celle de la montée. La valve des Batignolles est ouverte, le courant entraîne donc l'ablette dans cette direction ; après mille circuits et autant de frôlements qui devraient être mortels, elle pénètre enfin dans un dernier tuyau plus étroit et flexible, et finit par être culbutée dans le tonneau d'un Auvergnat. Cette fois, c'est en voiture, s'il vous plaît, qu'elle continue ce voyage incroyable : violemment ballottée à la surface de l'eau, elle cherche un refuge dans le fond du tonneau ; un robinet s'ouvre, elle est précipitée de vingt fois sa hauteur dans un seau, puis retransvasée aussi brutalement dans la fontaine de ma cuisine : vous savez le reste.

En faisant abstraction de la chance inouïe qui a toujours protégé ce petit animal à travers un dédale de clapets, de robinets, dont le moindre devait l'écharper, le réduire en miettes, — car ce n'est là, j'en conviens, qu'un fait bizarre, — il faut reconnaître, dans les autres phases de cette aventure, la preuve que la nature a doté les poissons d'une vitalité qui ne le cède peut-être, dans le règne animal, qu'à celle de certains insectes.

La famille des ables est, avons-nous dit, plus spécialement connue, dans les marchés de Paris, sous le nom de *Poissons blancs*; il s'en vend annuellement environ 120,000 kilog., qui sont presque exclusivement convertis en fritures de *Goujons*.

Le *Barbillon* que voici est également connu sous les noms de *Barbeau*, *Barbiau*, *Barbet ;* il les doit tous à quatre petites barbiches, dont deux, en haut de la mâchoire supérieure, pourraient passer pour ses moustaches ; les deux autres sont placées aux angles de cette même mâchoire. Le Barbillon est également reconnaissable à la couleur olivâtre de son dos, et bleuâtre de ses flancs : ses nageoires, ainsi que l'origine de sa queue, sont d'un rouge jaune, et la nageoire caudale est bordée d'un liseret noir.

On recommande aux personnes qui mangent une femelle de Barbillon, de s'abstenir de manger ses œufs, attendu que, paraît-il, ces œufs renferment une substance nuisible qui provoque des vomissements et rend fort malade. La chair du Barbillon est, d'ailleurs, très-saine et fort agréable.

La taille de ce cyprin atteint quelquefois un mètre et même davantage; c'est alors un poisson qui fait très bonne figure dans un grand repas; mais le plus communément, les barbillons que nous voyons au marché, ne dépassent pas 40 à 50 centimètres.

Paris en consomme de 21 à 22,000 kilog. par année.

La *Brême* est un poisson dont les couleurs brillantes rachètent un peu la forme écourtée; tout son corps est d'un blanc métallique reflétant les tons dorés et violacés de la gorge-de-pigeon; son dos est nuancé de vert, et ses nageoires sont d'un ton plus pâle.

Ce poisson est très-abondant dans les lacs du nord de l'Europe; il y atteint quelquefois le poids de 8 à 10 kilogrammes.

La chair de la brême est d'assez bonne qualité, surtout lorsqu'elle a vécu dans des eaux claires et suffisamment renouvelées. Les brêmes pêchées dans l'Elbe sont, dit-on, excellentes.

La *Carpe* est un estimable animal qui possède toutes les qualités imaginables, et n'a pas un seul défaut. La carpe est sociable, elle se plaît dans l'état de domesticité; elle accourt à la vue de celui qui lui donne à manger, et à ce propos, disons de suite qu'elle est infiniment moins carnassière que les autres poissons. Avec du temps et quelques soins, les carpes atteignent une taille et un poids considérables : on en cite qui, au moment de leur capture, pesaient 35 kilos et avaient une taille de 1 m. 60. Pour la durée de leur existence, ce sont de véritables Mathusalém : on nous affirme que les grosses carpes du palais de Fontainebleau y ont été mises sous le règne de François Ier; elles auraient donc, aujourd'hui, un peu plus de trois siècles.

La numération arithmétique n'aurait pas de termes pour exprimer le nombre *possible* des descendants directs de l'un de ces patriarches. En effet, une carpe est adulte à l'âge de trois ans; à dater de cette époque, elle pond annuellement un nombre d'œufs qui augmente progressivement et atteint, vers la vingtième année, le chiffre de 5 à 600,000.

Chacune des carpes de Fontainebleau aurait donc pondu, pour sa part, environ 150 millions d'œufs : il serait puéril de chercher le nombre définitif de poissons que, par une longue suite de générations accumulées, chacun de ces œufs aurait pu produire. La carpe règnerait donc en souveraine sur toutes les eaux douces de l'Europe et de l'Asie, si de redoutables ennemis ne se chargeaient pas de faire disparaître, en la dévorant, la plus grande partie des produits de sa fécondité.

La carpe n'est pas d'origine européenne; elle n'est connue en Europe que depuis 1514, époque à laquelle l'anglais Marschall l'apporta de l'Asie. C'est à peu près vers cette même date, que les carpes de François Ier ont dû être déposées dans les fossés de Fontainebleau.

Soumise à la stabulation, — car on ne peut pas nommer autrement le régime que certains éleveurs font subir à ce cyprin, — la carpe devient grasse en peu de temps; mais il est essentiel de réduire l'étendue du vivier, de l'*étable*. Un éleveur anglais, M. Jethro Tull, a imaginé de pousser l'analogie au point de convertir ce poisson en *bœuf* : pour cela, il lui fend le ventre, en arrache les ovaires ou la laitance, recoud l'énorme plaie, et remet le pauvre animal dans son vivier. Quinze jours après, il n'y paraît plus, et la carpe, débarrassée de tout sujet de préoccupation, engraisse rapidement. Cette circonstance démontrerait, plus sérieusement que les aventures de mon ablette, que les poissons possèdent une résistance vitale extraordinaire.

Les carpes peuvent vivre fort longtemps hors de l'eau : en les enveloppant d'herbes mouillées, on peut les transporter à de très-grandes distances sans craindre pour leur vie. Les Hollandais mettent cette propriété à profit, pour engraisser la carpe en la *gavant* : à cet effet, ils la tiennent dans un baquet, — voilà l'étable réduite au rang de *mue* à volailles, — qui est lui-même placé dans un endroit dont la température est douce et constante. Deux ou trois fois par jour, la ménagère vient s'asseoir auprès du baquet; elle en retire une carpe qu'elle place, comme un *baby*, sur ses genoux; l'animal sait ce qui l'attend, il ouvre benoitement la bouche, et la femme y introduit une pâtée composée de farine, de son et de lait. Quelques frétillements de la queue et des nageoires témoignent de l'état de jubilation du cyprin. Dans son langage muet, il dit à la nourrice : — « Voilà, vraiment, une délicieuse pâtée. — Par Cypris! la vie est une bonne chose! »

Ce digne animal nous rend, un jour ou l'autre, la satisfaction que nous lui procurons : tout le monde sera de mon avis, si je dis qu'une matelote de carpe est un de ces bons plats qui nous aident, de temps en temps, à traverser cette vallée de misère et de larmes. Aussi, est-ce un poisson d'eau douce qui est fort en faveur à Paris : on en consomme plus de 100,000 kilog. par année.

Le *Goujon* est un petit poisson dont la taille ne dépasse pas 15 centimètres; il est fin de forme; son corps élancé est d'un bleu foncé sur le dos, d'un blanc rosé sur le ventre, et généralement pointillé de petites taches brunes ou jaunes; il porte un barbillon à chaque coin de la bouche. Cette description, relativement minutieuse, n'est pas superflue; elle peut être utile à beaucoup de personnes à qui l'on vend sous le nom de *goujons*, une foule de petits *poissons blancs* d'une qualité tout à fait inférieure. Sous ce nom de *goujons,* on vend annuellement, *dans Paris*, 120,000 kilos de fretin de toute nature; et *hors barrière,* on vend, dans les nombreux établissements de fritures qui avoisinent la Seine, des quantités de soi-disants goujons plus considérables encore.

« Aller manger une friture » est un des bons prétextes mis en avant par le peuple parisien pour faire, le dimanche et le lundi, une escapade hors de Paris : ce que l'on y mange de fritures de goujons est inimaginable; il est certain que la gent goujonnière, tant nombreuse fût-elle, ne saurait y suffire. M. A. Husson (1) signale, à ce sujet, un spirituel moyen mis en jeu, par les restaurateurs parisiens, pour faire face à cette consommation exorbitante de goujons. Ils taillent des *Congres* par tranches de deux à trois centimètres d'épaisseur, et à l'aide d'un emporte-pièce qui profile, aussi exactement que possible, la forme du petit poisson, ils y découpent des pseudo-goujons qui, bien enveloppés de pâte de friture, et mélangés à une certaine quantité de *Gobiones* véritables, satisfont d'autant mieux le consommateur émerveillé, qu'ils n'ont pas d'arêtes.

Paris consomme, annuellement, environ 20,000 kilos de goujons véritables.

La *Tanche* ressemble assez à la carpe, dont on la distingue par une dorsale beaucoup moins étendue; sa caudale n'est pas aussi bifurquée. Ses couleurs varient suivant le milieu dans lequel elle a vécu : si elle a vécu dans une eau trouble et vaseuse, dans une mare de ferme, par exemple, son dos est noirâtre; si, au contraire, elle a vécu dans une eau claire et propre, sa couleur est d'un jaune métallique.

La chair de la tanche est assez fade ; parfois même, elle a un mauvais goût qu'elle puise dans la

(1) A. Husson : les *Consommations de Paris.*

vase qui a été son élément; cependant, à défaut de goujons, on peut essayer de faire frire quelques petites tanches; mais cette fois, j'en réponds, les amateurs d'arêtes n'auront pas lieu de se plaindre.

La *Loche* est encore un cyprinoïde de la variété connue sous le nom de *Cobite :* c'est un petit poisson de dix à douze centimètres de longueur, d'un ton jaunâtre mélangé de taches brunes, et qui n'a pas moins de six barbillons. Sa peau, recouverte de petites écailles, est enduite d'une sorte de viscosité. On dit à tort : « gras comme une loche » ; on devrait dire : « gluant comme une loche ». — En friture, c'est un poisson supérieur au goujon comme finesse de chair. Il ne s'en vend que des quantités relativement minimes sur nos marchés de Paris.

Le *Brochet*, que les Latins appelaient *esox lucius*, est le type d'une famille qui lui doit son nom « d'Esoces ». L'avidité de ce carnassier, sa gloutonnerie, ses instincts féroces, lui ont valu le surnom de *Requin d'eau douce;* et il ne l'a pas volé. Ce n'est, du reste, qu'au point de vue moral qu'il a de l'analogie avec le squale redoutable des mers tropicales; car physiquement, il ne lui ressemble pas plus qu'une carpe ne ressemble à un maquereau. Il mange, il dévore tout ce qui vit ou meurt autour de lui; ses propres enfants sont ses premières victimes; mais lâche comme le tigre, avec lequel on peut le comparer, il ne s'attaque pas à plus fort que lui.

Deux poissons, cependant, échappent à sa voracité; ils le doivent à leurs armes défensives : je veux parler de la perche et de l'épinoche, dont les dards sont des porte-respects que maître brochet prend en sérieuse considération. Il paie quelquefois de la vie un excès d'appétit qui le porte à gober un de ces poissons; il meurt, l'estomac perforé par les épines de sa victime.

Un brochet circonspect peut vivre fort longtemps; il en est dont l'âge, bien et dûment constaté, atteint près d'un siècle; sa taille alors est énorme, et son aspect, formidable : long de dix pieds, pesant jusqu'à 30 kilog., ouvrant une gueule hérissée de dents, c'est véritablement un animal effrayant.

On a longtemps conservé à Manheim le squelette d'un brochet qui avait dû, suivant toute apparence, peser près de 200 kilog. de son vivant, et dont la taille était de 6 mètres : il portait un anneau de cuivre doré sur lequel était gravée cette inscription : « J'ai été jeté dans cet étang par l'empereur Frédéric II, le 5 octobre 1262. » Or, comme il fut pêché en 1497 près de Manheim, il devait avoir deux siècles et demi bien sonnés au moment de sa capture. Cependant, après avoir examiné ce squelette avec un peu d'attention, des naturalistes incrédules furent frappés du nombre extraordinaire des vertèbres de son épine dorsale, et ne tardèrent pas à s'apercevoir qu'un plaisant ou quelque Barnum du XVe siècle, s'était plu à allonger démesurément l'animal primitif, en ajoutant, les unes à la suite des autres, les vertèbres de plusieurs brochets de très-grande taille. L'anneau doré du successeur de Barberousse pouvait bien avoir une origine aussi peu sérieuse.

On assure que, de même que les mammifères carnassiers, le brochet jouit d'une ouïe très subtile, et l'on cite, comme exemple, un très-gros brochet que Charles IX entretenait dans les fossés du Louvre, et qui accourait lorsque, à une très-grande distance, les belles dames de la cour l'appelaient pour lui donner du pain : — « *Lupule! Lupule!* » criaient-elles; et Lupule arrivait aussitôt; ouvrait sa *hure* formidable et repoussante, dans laquelle les plus belles mains du monde jetaient du pain et des gâteaux.

Le brochet atteint rapidement une taille et un poids qui permettent aux éleveurs de l'envoyer au marché; d'un autre côté, sa chair possède des qualités qui la font rechercher par les consommateurs de poissons d'eau douce; aussi, en élève-t-on de grandes quantités dans les étangs. On reproche aux œufs du brochet d'avoir des propriétés purgatives.

Paris consomme annuellement 140,000 kilog. de ce poisson.

Voici maintenant un bon, un excellent poisson qui n'arrive malheureusement pas souvent à Paris; c'est la *Lotte*, le seul représentant dans l'eau douce de cette digne famille des Gadoïdes qui, suivant moi, est la plus importante au point de vue de l'alimentation. Je ne vous répéterai pas au sujet de la lotte, tout ce que je vous ai dit des gadoïdes, en vous parlant de la morue et de ses congénères; mais si vous étiez des pisciculteurs, je ne laisserais pas échapper une aussi belle occasion de signaler ce poisson à votre attention. De même que l'alose me paraît être le *hareng* qui doit nous mettre sur la voie de la culture des clupes, la lotte me paraît être le *merlan* qui doit inaugurer la culture ultérieure des gadoïdes marins.

La chair de la lotte est excellente; mais son foie, surtout, est fort recherché. Un dicton franc-comtois dit :

Pour le foie d'une lotte
Femme vendrait sa cotte.

Ce poisson n'est pourtant pas l'objet d'une notable consommation à Paris.

Semblable à tous les salmones, la *Truite*, qui se présente à nous sous un aspect des plus appétissants, possède, comme vous voyez, la petite nageoire dorsale adipeuse des poissons de sa race; comme eux, également, elle recherche les eaux froides et claires des montagnes. Elle ne se pêche donc que dans des pays très-éloignés de Paris , et que leur nature montagneuse éloigne des lignes de chemin de fer; il en résulte que ce poisson n'arrive qu'accidentellement dans la capitale, et qu'il y est toujours fort cher.

La taille de ce poisson délicat ne dépasse pas généralement 30 centimètres ; une truite de 40 centimètres, et pesant alors 2 kilog., est un morceau fort rare, et par suite, très-recherché. Elle est reconnaissable aux taches rougeâtres dont sa peau est mouchetée et qui résistent à la cuisson. Sa chair, beaucoup plus blanche que celle du saumon, est généralement plus estimée.

Il est peu de poissons aussi vifs et aussi lestes, j'allais dire aussi gais que la truite : que de fois je me suis amusé à regarder les évolutions de ces jolis poissons dans l'eau claire et rapide d'une rivière des Asturies. La vitesse de leur course devient prodigieuse lorsqu'il s'agit pour eux de saisir dans un élan, une proie qui se présente à la surface de l'eau; les yeux ne peuvent alors les suivre; c'est une flèche qui passe, c'est un éclair. Puis, ils reprennent leurs allures frétillantes et gracieuses; ils louvoient dans tous les sens, de ci, de là, jusqu'au moment favorable de s'élancer de nouveau. Dans une de ses ravissantes mélodies, Schubert s'est efforcé de rendre les mouvements d'une truite à la recherche de son butin.

La truite se prête volontiers à l'élevage, pourvu que l'on ait soin de la tenir dans une eau très-propre et fréquemment renouvelée : une eau dormante lui est complétement antipathique; si elle vit volontiers dans les lacs des Alpes, c'est parce que leurs eaux, presque toujours limpides, sont incessamment animées et rafraîchies par des sources nombreuses.

Je n'aperçois pas ici un autre poisson de la famille des salmones, et que les lacs des Alpes, dont je viens de parler, me remettent en mémoire. Il s'agit de l'*Ombre*, qui diffère de la truite par sa taille plus courte, plus ramassée; il en diffère aussi par la couleur de sa chair qui est moins blanche. L'Ombre-Chevalier, qui habite le lac de Genève, pourrait — cependant arriver assez facilement à Paris, et il mériterait, à tous égards, une place honorable parmi les poissons délicats. Sa chair développe, dit-on, le parfum du thym; de là, le nom de *Thymmalus* qu'on a donné à son espèce. J'ai mangé fréquemment, à Genève, des Ombres-Chevaliers, et je dois dire que j'ai vainement cherché, dans ces poissons, l'arôme du thym : ce qui ne m'a pas empêché de les trouver parfaits.

Je vous ai réservé, pour « la bonne bouche, » le plus richement paré et en même temps le plus délicat des poissons d'eau douce qui arrivent à Paris : c'est la *Perche*.

Remarquez ses flancs qui paraissent d'or pur ; son dos qui semble émaillé en vert-brun resplendissant; ses nageoires ventrales qui sont d'un rouge éclatant: ce n'est pas un poisson que nous avons sous les yeux; c'est un bijou. Honneur et gloire au joaillier qui l'a créé.

Ses qualités comestibles le cèdent à peine à la richesse de sa parure; sa chair est exquise, et les gourmets déclarent hautement qu'une belle perche de 2 kil. est supérieure à n'importe quel autre poisson.

La perche est le type d'une famille qui fournit à nos tables, des morceaux de choix. Quand je vous aurai cité le rouget et le bar, dont nous avons déjà parlé, j'aurai tout dit. C'est ce poisson que maître brochet doit respecter, à cause de certaines épines malencontreuses qui lui en rendent l'usage fort dangereux.

De même que la truite, la perche se plaît dans les eaux claires, vives, froides et peu profondes ; elle y fait une chasse acharnée aux petits poissons et aux grenouilles ; à leur défaut, elle ne dédaigne ni les vers ni les insectes, car elle est extrêmement vorace.

Il faut toujours finir par ce mot, quand on parle d'un poisson.

Nous avons terminé, je pense, notre petite revue des poissons comestibles qui se rencontrent habituellement à la halle. Un grand nombre d'espèces n'y figurent pas, et on ne les verra sur les tables de nos marchandes que lorsque les voies ferrées se seront généralisées et pénétreront dans des pays dont les produits échappent aujourd'hui, par le fait de leur isolement, à l'insatiable appétit de cet ogre qui se nomme Paris.

CHAPITRE VII

LES CRUSTACÉS ET LES MOLLUSQUES.

Ai-je besoin de vous dire, mes amis, que les *Crustacés* tels que les homards, les écrevisses, etc., ainsi que les *Mollusques*, huîtres et moules, que nous voyons dans la boutique de notre marchande, s'y rencontrent seulement en leur qualité de comestibles aquatiques : mais qu'en dehors de la communauté d'élément dans lequel ils ont vécu et ont été pêchés, ils diffèrent complétement des poissons.

Ces animaux appartiennent à deux autres embranchements de la classification zoologique : ce ne sont plus des *vertébrés* comme les poissons ; ce sont des *annelés*, s'il s'agit des homards, écrevisses, etc. ; et des *mollusques* (*acéphales*), s'il s'agit des moules et des huîtres.

Pardonnez-moi cette courte excursion sur le domaine de l'Histoire naturelle ; vous me rendrez cette justice que je l'ai toujours évité jusqu'ici, et vous reconnaîtrez que si j'avais négligé d'établir une distinction entre les poissons dont nous venons de parler, et les animaux dont nous allons nous entretenir, la petite méthode que nous nous sommes appliquée pour notre commodité, — l'ordre scientifique ayant des exigences qui ne pouvaient se concilier avec le *désordre* d'une « boutique », — descendait, tout à fait, au rang de la classification purement culinaire de la « cuisinière bourgeoise. » Il est donc bien entendu que les animaux dont nous allons nous occuper, ne sont pas des poissons; ce qui ne les empêche pas d'offrir, à notre point de vue, un puissant intérêt.

L'incident me semble vidé; revenons sur nos pas, et approchons-nous de cette table sur laquelle j'aperçois une assez jolie collection de *crustacés.*

Voici, d'abord, un être dont l'aspect repoussant suffit pour laisser deviner ses appétits immondes; c'est le *Tourteau* ou *Poupart*, le seul crabe comestible qui se vende à la halle; sa chair est excellente; il atteint quelquefois le poids de 2 kilos; mais de quelle façon!

Lorsque la mer se retire graduellement, abandonnant sur la plage les milliers d'épaves de toute nature, de toutes provenances qui flottaient à sa surface, on voit la vase se soulever et s'agiter; des êtres hideux en sortent péniblement de tous les côtés. Voyez-les se traînant sur le ventre, en remuant maladroitement leurs lourdes pattes de devant; ils trébuchent comme des gens ivres; ils avancent de côté, en biaisant comme des malfaiteurs : ce sont des crabes. Tous se dirigent vers les débris qui viennent, en échouant sur la grève, nous raconter l'histoire des plus terribles catastrophes.

Ce sont, d'abord, les longues tiges de varech arrachées par la tempête à quelque rocher lointain; elles sont couvertes d'innombrables petits animaux qui sont morts de faim sur ce radeau ballotté par la lame; ce sont des coquilles bivalves de toutes les espèces, qui restent là, béantes, vides de leurs habitants; voilà des morceaux de bois peint, dont les extrémités violemment écharpées témoignent de la lutte inutile de quelque pauvre navire contre le formidable Océan : s'ils pouvaient parler, ces morceaux de bois, ils nous diraient sans doute la longue agonie du matelot qui les embrassait dans un suprême effort, et qui s'engloutit enfin, en lançant au ciel impitoyable un regard de désespoir et de reproche : voici, en effet, un chapeau, des lambeaux de vêtements; nous avons sous les yeux le lugubre bric-à-brac de la mort par le naufrage.

Un objet volumineux, informe, roulé par la vague, vient, à son tour, échouer sur la grève : Dieu soit loué! c'est seulement le cadavre ballonné d'un malheureux chien qui sera tombé d'un navire. Les crabes convergent aussitôt vers cette horrible proie, et l'assaillent par tous les côtés.

Arrêtons-nous, s'il en est temps encore, et demandons-nous quelles sont ces savantes manipulations que la nature emploie, dans son mystérieux laboratoire, pour créer des aliments exquis avec des matières nauséabondes : celles-ci sont tellement défigurées, transsubstanciées, que nous ne saurions, sans ingratitude et sans maladresse, demander compte à la nature de l'origine des matériaux de la plupart de nos aliments. Il n'en est pas moins vrai que pour manger en paix la chair des grosses pattes, les intestins et les œufs d'un *poupart*, — qui laissent derrière eux, par une saveur plus fine, les parties analogues de la langouste et du homard, — il faut oublier, j'allais dire pardonner, l'origine de sa corpulence.

Les crabes offrent une ressource précieuse aux pauvres gens qui n'ont que la peine de les ramasser sur les plages mises à sec par le retrait de la mer; ils les font tout simplement bouillir dans de l'eau de mer; — l'assaisonnement n'est pas coûteux, comme vous voyez; — et pour peu qu'il y ait dans un coin de l'armoire, un morceau de pain et une pinte de cidre ou de bière, ils se composent un repas des plus réconfortants.

Les *Écrevisses* de rivière que nous voyons grouiller en grand nombre, dans une auge de pierre alimentée par un filet d'eau, sont un objet de grande consommation à Paris, car elle y atteint le chiffre de 100,000 kilos par an, dans lesquels les écrevisses à *pattes rouges* entrent pour les trois quarts, les écrevisses à *pattes blanches* (qui sont moins estimées) pour l'autre quart. Cette grosse consommation est due, surtout, à l'habitude qu'ont les cuisiniers de faire figurer trois ou quatre écrevisses dans une foule de mets.

Ce crustacé, qui a été observé avec soin par Réaumur, et plus tard par d'autres naturalistes, va nous donner quelques détails sur la vie intime des autres membres de sa famille.

La mère, après avoir pondu ses œufs, continue à les porter, jusqu'au moment de leur éclosion, réunis en grappes qui sont maintenues par les filets dont sa queue est pourvue. Au sortir de l'œuf, les petits sont très-mous; leur *test* ou carapace n'a encore aucune consistance, et ils deviendraient infailliblement la proie d'une foule d'ennemis, — de leur père, par exemple, — s'ils ne trouvaient, au moindre signe de danger, un refuge sous le ventre de la mère · cette protection maternelle leur est assurée jusqu'à ce que, solidement cuirassés, ils puissent sans danger abandonner leur asile. La petite écrevisse est alors protégée par une enveloppe dure, résistante; trop résistante même, car il arrive bientôt une époque où ce blindage devient, par son défaut d'élasticité, un obstacle à la croissance du petit animal; le contenant s'oppose à l'extension du contenu; la petite écrevisse se trouve, comme on dit vulgairement, gênée dans ses entournures : l'ennui de sa situation se manifeste alors par la perte de son robuste appétit; elle ne mange plus, et se retire tristement dans un coin.

Je serais assez porté à croire que la pauvre bête s'impose spontanément ce jeûne rigoureux, afin de maigrir et de réduire, autant que possible, le volume de son corps. En effet, on s'aperçoit qu'à ce moment, il s'est opéré un premier travail entre la cuirasse, qui représente *l'épiderme*, et une membrane intérieure qui représente le *derme* chez ces animaux. Par un effet de contraction, le derme s'est décollé de l'épiderme, et celui-ci, toujours dur et rigide, se trouve séparé du derme par un espace libre; l'animal ressemblerait assez, alors, à une amande sèche qui peut danser dans sa coque.

Dès lors, l'écrevisse se prépare à se débarrasser de sa carapace ; pour cela, elle se retourne sur le dos, étend et contracte convulsivement sa queue, frotte ses pattes l'une contre l'autre, fait craquer ses articulations, s'agite de cent façons, et finit par dessouder le premier anneau du *test* de sa queue, à l'endroit où il s'articule sur la carapace de la partie antérieure du corps : elle est parvenue (qu'on me pardonne la comparaison) à rompre les bretelles qui soutiennent son pantalon. Ce premier succès est suivi de quelque repos.

Le plus difficile est encore à faire : il s'agit de sortir le haut du corps, les antennes, et surtout les pinces des grosses pattes, de l'enveloppe inflexible qui les emboite exactement. L'écrevisse se gonfle, s'agite de nouveau ; elle fait des efforts dans tous les sens, et réussit enfin, — dieu sait comment, — à quitter sa trop étroite demeure : elle en sort revêtue d'une peau molle, sans consistance, et se cache bien vite dans quelque trou, — si elle n'y est déjà, — car elle est guettée par de nombreux amateurs qui n'attendent que le moment où elle est sans défense, pour la dévorer : elle doit craindre, surtout, les autres écrevisses.

Il arrive quelquefois que, pendant cette lutte, une patte du pauvre animal vient à se rompre; il paraît que dans ce cas, la nature remplace le membre perdu, non pas avec une jambe de bois, comme nous faisons, mais par une patte véritable. Elle ne met qu'une condition à cette restitution, c'est que la rupture aura été faite dans une articulation ; et on affirme que l'écrevisse, pour se mettre en règle, ronge ultérieurement, jusqu'à l'articulation, le moignon du membre, dans le cas où il aurait été mal rompu.

On comprendra, sans peine, que la situation de l'écrevisse doit être cruelle pendant tout le temps qui s'écoule depuis le jour de sa dénudation, jusqu'à celui où son corps se trouvera protégé par une armure nouvelle : elle a, en effet, épuisé toutes ses forces dans un jeûne prolongé, ainsi que dans ses luttes antérieures; il lui serait impossible de fuir un danger pressant, et elle se sent vulnérable de tous les côtés. Heureusement, cette situation ne dure pas plus de deux ou trois jours, dit Réaumur; car la nature déploie, en cette circonstance, une activité prodigieuse pour lui confectionner, rapidement, une cuirasse aussi solide et plus ample que celle qu'elle a dû quitter.

Pour fournir l'étoffe de ce vêtement épais, dur et cependant flexible dans les articulations, l'écrevisse a emmagasiné, de longue date, deux boules de sels calcaires qu'elle porte sur les côtés de son estomac, et qui sont connues sous le nom d'*yeux d'écrevisses*. Lorsque l'instant est venu de se revêtir d'une nouvelle carapace, ces deux boules se dissolvent dans un suc gastrique particulier; le liquide résultant, saturé de calcaire, est sécrété lentement par le derme, et le recouvre peu à peu d'une couche épaisse qui se durcit promptement à l'air. Observons que l'animal a eu soin de se gonfler, pendant cette dernière phase, de manière qu'après le durcissement de la carapace, celle-ci laisse assez de jeu pour lui permettre d'atteindre le moment où une nouvelle croissance exigera un nouveau vêtement.

Le rôle que jouent les *yeux d'écrevisses* dans la reconstitution de la carapace de l'animal, est suffisamment démontré, suivant moi, par leur présence dans son estomac avant cette reconstitution, et par leur disparition lorsqu'elle a eu lieu : à quelle autre source, d'ailleurs, irait-il puiser le carbonate et le phosphate de chaux nécessaires? D'après Lœbel, les *carapaces* d'écrevisses ont la composition suivante ;

Carbonate de chaux.	68.25
Phosphate de chaux.	19.00
Matières animales, perte à la calcination	12.75
	100.00

Les *yeux d'écrevisses* ont la même composition.

Dans leur jeune âge, c'est-à-dire lorsque la rapidité de leur croissance l'exige, les écrevisses changent fréquemment de test, et beaucoup succombent dans ce travail; plus tard, elles continuent à le remplacer, mais seulement une fois l'an.

L'écrevisse fluviatile se rencontre dans une infinité de cours d'eau de l'Europe; elle recherche surtout ceux dont l'eau, claire et courante, n'est pas profonde.

Ce crustacé est noctambule : lorsque vient la nuit, l'écrevisse quitte son trou et se met à la recherche de sa nourriture qui se compose de larves d'insectes, de petits mollusques, de frai de poisson; et de préférence, — disons-le, hélas! — de la chair corrompue des animaux qui périssent à l'eau ou y sont jetés. Ces habitudes et ces goûts indiquent naturellement la manière de les capturer. A cet effet, on se sert, entre autres moyens, de petits filets en forme de poches, dont l'entrée est tenue ouverte par un cerceau auquel est fixé un manche plus ou moins long. Le soir venu, on attache, au fond de cette poche, un morceau de viande, et plus spécialement, un morceau de tête de mouton que l'on a soin d'arroser avec de l'essence de térébenthine. — On dit que l'odeur de cette substance a la propriété d'illusionner l'écrevisse sur l'état d'avancement de la chair qui lui est offerte, et qu'elle se jette avec autant d'enthousiasme sur ce mouton à la térébenthine, que sur un morceau de viande sérieusement corrompue. — Les filets, ainsi amorcés, sont descendus au fond de l'eau ; et naturellement, leur forme de cône renversé disparait pour faire place à celle d'un disque au milieu duquel se trouve l'appât : le fumet de celui-ci ne tarde pas à attirer l'attention de l'écrevisse, et elle accourt. Elle cherche d'abord à emporter la viande dans son trou, mais après quelques efforts inutiles, elle se décide à la dévorer sur place. Lorsqu'on suppose qu'elle est toute entière à cette agréable occupation, on relève le filet, et avec lui la pauvre bête, qui doit maudire, pour plus d'une raison, les interrupteurs de son repas.

Le *Homard* est une très-grosse écrevisse qui habite la mer : à part ces deux différences dans la taille de l'animal, et dans la nature de l'eau, ce crustacé a toute l'analogie possible avec l'écrevisse fluviatile. La forme ainsi que la couleur du homard sont celles de l'écrevisse : comme chez celle-ci, le brun-verdâtre de sa carapace se change en rouge à la cuisson. La matière colorante des écrevisses et des homards est une substance analogue à une graisse ; à l'état naturel, elle est d'un vert foncé tirant sur le noir, et c'est à environ 80° centigrades qu'elle acquiert la belle couleur rouge que nous connaissons : sa composition chimique se rapproche de celle des becs d'oies et des pattes de pigeons. Chez les crustacés, elle se trouve à la fois dans le derme et l'épiderme, c'est-à-dire dans la carapace et la membrane intérieure qui y adhère.

D'après les observations de M. Coste, à qui nous devons tant d'éclaircissements sur toutes les questions qui se rattachent aux animaux marins et fluviatiles, un homard perd et refait sa carapace de huit à dix fois en sa première année, de cinq à sept en la seconde, de trois à quatre en la troisième, de deux à trois en la quatrième. A quatre ans, la taille du homard ne dépasse pas encore 18 centimètres ; ce n'est peut-être qu'à huit ou dix ans que ce crustacé atteint les proportions qui lui donnent une valeur de quatre ou cinq francs à la halle.

La femelle pond de 15 à 20,000 œufs, qu'elle porte, de même que l'écrevisse, suspendus sous sa queue ; mais leur éclosion est infiniment plus tardive chez le homard que chez l'écrevisse : la durée de l'incubation ne dépasse pas un mois chez cette dernière, tandis que les œufs du homard demandent six mois pour éclore.

Au nord de l'Europe, la Norwège est le pays par

excellence des homards : une espèce spéciale à ces contrées froides, le *Néphrops*, est d'une qualité tout à fait supérieure ; on en pêche de grandes quantités dans ce pays. En raison de l'abondance et du bon marché de ces crustacés en Norwège, un constructeur-armateur de Dunkerque, que j'ai cité ailleurs, M. G. Malo, avait songé, il y a quelques années, à en faire venir de véritables chargements ; et pour cela, il avait construit un cutter-vivier de grande marche, qui avait, dans sa câle, un compartiment isolé communiquant avec la mer par des trous percés dans les bordages du navire, et qui permettaient ainsi à l'eau de se renouveler continuellement : c'est dans ce compartiment que les homards étaient parqués. Mais le succès ne répondit pas à ses espérances : les homards mouraient chemin faisant, et M. Malo dut renoncer à cette petite spéculation.

A son simple aspect, vous voyez que la *Langouste* que voici diffère essentiellement du homard, par l'absence des deux énormes pinces qui terminent les pattes de devant de ce dernier ; vous voyez, de plus, que sa carapace est hérissée de pointes, tandis que celle du homard est relativement lisse.

Les *Macroures cuirassés*, — tel est le nom de cette branche de la famille des crustacés, — sont remarquables, en effet, par la grande résistance que présente leur tégument, ainsi que par sa rugosité. Chez la *langouste*, cette rugosité s'étend jusque sur les longues antennes de l'animal ; hérissées d'épines, elles ressemblent assez aux branches de certains rosiers. La carapace de la langouste présente encore cette particularité, qu'elle est irrégulièrement tachetée de jaune, surtout vers la queue et sur les pattes, tandis que sa couleur générale est un brun bronzé tirant sur le vert. Sa taille atteint parfois une longueur de 60 centimètres; mais de semblables proportions sont assez rares.

La chair de ce crustacé est jaunâtre, moins blanche que celle du homard, et elle partage, avec cette dernière, la réputation d'être indigeste. Il faut dire également que, par suite de sa conformation, la langouste étant un animal plus nageur, moins amphibie que le homard, elle ne saurait vivre aussi longtemps que celui-ci hors de l'eau : son transport ainsi que sa conservation sont conséquemment plus difficiles.

Dans l'intérêt de la conservation et de la reproduction sur nos côtes, de toute la famille des grands crustacés, le règlement de leur pêche interdit la vente des femelles qui portent encore des œufs suspendus à la queue. Les pêcheurs échappent facilement à cette prohibition, dont ils ne comprennent pas, individuellement, la prudence, en enlevant aux femelles qui se trouvent dans ce cas, la grappe qui contient les œufs par milliers : après cela, un bon coup de brosse fait disparaître les dernières traces du délit.

M. Coste, que l'on rencontre à la tête de toutes les questions qui intéressent l'*aquiculture,* a constaté au laboratoire d'essai qu'il a fait construire sur la côte du Finistère (à Concarneau) que la langouste émet ses œufs une vingtaine de jours après l'accouplement, c'est-à dire vers le milieu de l'automne, et qu'elle les conserve, attachés à sa queue, jusqu'au printemps, époque de leur éclosion. Quelle immense quantité de ces crustacés doit être anéantie, pendant ces six mois, par le coup de brosse de nos pêcheurs ; sans compter tout ce qui est détruit par une foule d'accidents plus naturels !

Ces petits crustacés dont nous voyons des monceaux, qui portent le nom générique de « salicoques », mais sont plus connus sous celui de *crevettes*, diffèrent des précédents, — en dehors de la taille, — par la consistance infiniment moins dure de leur carapace. Chez l'espèce que nous appelons ***crevette grise***, la couleur de la carapace est gris-verdâtre ; et elle tourne fort peu au rouge par la cuisson. La crevette grise est très-commune sur les côtes de l'Angleterre et du nord de la France ; le ***bouquet*** est une espèce de plus grande taille, qui devient rouge à la cuisson, et qui se pêche sur nos côtes de l'Ouest et principalement dans la Méditerranée. Cette dernière crevette est recherchée à cause de sa belle couleur qui en fait un hors-d'œuvre de haute mine ; mais le véritable amateur n'hésitera pas à lui préférer la chair plus parfumée de la modeste crevette grise.

La pêche des crevettes est une carrière ouverte aux femmes et aux filles des pêcheurs : ce n'est pas dans ce métier qu'elles pourront jamais s'amasser vingt-cinq mille livres de rentes ; mais elles y trouvent, en compensation, deux trésors inestimables : une vigoureuse santé et un morceau de pain honnêtement gagné.

Voyez cette troupe de femmes; il y en a de tous les âges, depuis la matrone déjà mûre, archi-mûre, jusqu'à la jeune fille à peine nubile; parmi celles-ci, il en est de remarquablement jolies. Toutes possèdent cette beauté, qui cesse d'être pour elles la « beauté du diable » ; car elles conservent, jusqu'à la fin de leur carrière, une fraîcheur indiscutable, une fraîcheur de bon aloi.

La tête emmaillottée de deux ou trois mouchoirs la poitrine et le dos couverts de quelque vieille vareuse rouge que le père ou le mari a réformée, tel est leur simple accoutrement : car le reste du costume ne vaut vraiment pas la peine d'être mentionné. Elle est, en effet, si courte, mais si courte, la jupe, qu'elle semble plutôt un appendice, un volant capricieusement ajouté à la vareuse, qu'un vêtement destiné à un usage plus sérieux : le vent indiscret se charge, parfois, dans un accès d'extrême familiarité, d'en démontrer la complète inutilité. Rien ne nous empêche donc de constater la vigoureuse musculature de leurs jambes et de leurs jarrets : une belle et forte race, ma foi.

Le dos chargé d'une hotte d'osier, sur laquelle s'appuie la hampe de leur filet qui a la forme d'une vaste chausse, portant au bras gauche un panier supplémentaire, elles se dirigent, au pas accéléré, vers la mer, et leurs langues trottent encore plus vite que leurs robustes jambes : il faut les entendre.

Arrivées sur la plage, elles se baissent, trempent l'extrémité de leurs doigts dans la mer, et font un signe de croix qu'accompagne une courte prière :

puis, elles entrent résolument dans l'eau glaciale et ne s'arrêtent que, lorsque soulevées par la lame, il leur serait impossible de tenir pied et de pêcher. Elles plongent alors leur filet dans la mer, et le manœuvrent de façon à opposer son ouverture au courant; les crevettes recueillies sont déposées dans le panier; et elles continuent à pêcher jusqu'au moment où la marée les oblige à quitter la partie. Alors, toutes grelottantes, les jambes bleuies, engourdies par le froid de l'eau et l'âpreté de la bise, les vêtements collés au corps, elles regagnent le logis où une tasse de café bouillant ramène un peu de chaleur et de mouvement dans la circulation de leur sang. Je faisais, un jour, à une ancienne pêcheuse de crevettes, une question à ce sujet — son âge autorisait, jusqu'à un certain point, l'indiscrétion de ma question : — « Eh bien! et du pain? » — me répondit-elle par une autre question. Il est démontré, d'ailleurs, que ces bains d'eau froide, qui seraient souvent mortels pour nos pauvres petites parisiennes que la moindre imprudence fait tomber en pâmoison, n'exercent qu'une influence salutaire sur les robustes pêcheuses.

Leur premier soin, en rentrant chez elles, est de faire bouillir les crevettes qu'elles viennent de pêcher : le liquide employé est une saumure qui n'est jamais assez ancienne; tout ce qui s'en perd par l'évaporation, et aussi par l'absorption des petits crustacés pendant la coction, est remplacé par une quantité proportionnelle d'eau de mer.

La crevette, de même que tous les autres crustacés

marins, donne du travail et du pain à une foule de pêcheurs et pêcheuses de notre littoral.

En somme, il faut reconnaître que les *crustacés* apportent une agréable variété dans l'alimentation des classes aisées, l'élévation de leur prix interdisant, jusqu'à présent, leur consommation aux bourses plus modestes et malheureusement les plus nombreuses. Au point de vue de l'intérêt général, le commerce de ces animaux représente une notable fraction du mouvement produit par la pêche, le transport et la vente des comestibles aquatiques ; et remarquons que la facilité de les conserver, par la cuisson, plus longtemps que les autres objets de leur commerce, engage nos marchandes à s'en occuper tout spécialement.

MOLLUSQUES.

L'*Huître* est un aliment des plus sains ; pour beaucoup de personnes, elle est l'objet d'une véritable passion : mais hélas! en raison du prix élevé auquel elle est arrivée aujourd'hui, la grande majorité ne peut l'aimer que d'un amour purement platonique.

Trois millions de francs, telle est la somme que Paris consacre annuellement au plaisir de gober l'*ostrea edulis*. Ce chiffre, qui ne concerne que la vingtième partie de la population de la France, fait supposer que c'est par centaines de millions qu'il faut calculer le nombre de ces animaux qui sont arrachés, chaque année, aux douceurs de leur existence bourgeoise, pour satisfaire la gourmandise du roi de la création.

Les nécessités de sa subsistance et de sa conservation ne sont pas, en effet, les seuls mobiles qui poussent ce monarque à exterminer une notable partie de ses sujets ; les caprices, la satiété, souvent même les dévergondages de son estomac, sont autant de méchants conseillers qui lui suggèrent des meurtres superflus : — « Au fait, si je mangeais une douzaine d'huîtres? » dit-il après avoir constaté qu'il n'est pas en appétit, et qu'aucun mets ne lui sourit. Ces simples paroles sont l'arrêt de mort de douze mollusques ; c'est la sentence qui va mettre un terme à douze lunes de miel qui durent depuis quatre ou cinq ans.

Les pauvres bêtes opposent une résistance désespérée à l'exécution de cet arrêt barbare ; hermétiquement renfermées dans leurs coquilles, elles rassemblent tout ce qu'elles possèdent de vigueur, sur le muscle qui en réunit les deux valves ; mais c'est en vain ; la pointe du couteau de l'écaillère, en s'insinuant dans la charnière de leur double coquille, finit par atteindre ce muscle et le tranche ; les voilà à la merci de leur impitoyable meurtrier.

L'hermaphrodisme est un des caractères des mollusques, et c'est à tort que les mangeurs d'huîtres croient distinguer le mâle par un liseret noirâtre qui entoure certains individus de cette espèce ; ces huîtres à liseret, comme celles qui n'en ont pas, pondent et fécondent de 50 à 60,000 œufs chaque année.

Chacun de ces œufs fécondés renferme déjà une petite coquille bivalve microscopique; et à l'instant où il sort de sa coque, l'animal développe plusieurs tentacules qui servent, d'abord, à diriger sa chûte, et à l'accrocher ensuite à l'huître ou au corps solide quelconque sur lequel il est tombé : il n'en bougera plus, et finira par y prendre une très-forte adhérence qui n'est modifiée qu'à une certaine époque de sa croissance, lorsque, cessant d'être *naissain*, la jeune huître détache la plus grande partie de sa coquille inférieure du corps sur elle accrochée, et ne conserve d'adhérence ultérieure que par un point qui se rapproche du sommet de cette coquille. On ne peut pas, d'ailleurs, expliquer d'une autre façon ces amas immenses que nous connaissons sous le nom de *bancs*.

La pêche des huîtres se fait sur ces *bancs;* elle se pratique à l'aide d'une *drague*, instrument dont nous avons déjà parlé; mais le filet de celle qui est appliquée à la pêche du mollusque est en mailles de fer; des mailles en fil de chanvre ne pourraient résister.

Les quantités prodigieuses de ces animaux, leur fécondité, le peu de temps — trois ans — qui leur est nécessaire pour acquérir la taille de ceux que nous mangeons, nous feraient supposer que, quel que soit l'excès de notre gourmandise, il serait impossible d'épuiser les bancs nombreux semés sur toute a côte de l'extrême ouest de la France; malheureusement, il n'en est rien; il est démontré que leur reproduction naturelle n'est plus en rapport avec le chiffre de la consommation. Il a fallu, depuis quelques années, mettre la pêche des bancs « en coupe réglée ». Pendant que certains d'entre eux sont exploités, d'autres sont laissés en repos et se repeuplent; enfin, à l'instigation de M. Coste et avec le concours des navires de l'État, des bancs artificiels ont été créés. Dans son *Voyage d'exploration sur le littoral*, cet éminent professeur nous donne, dans ce bon style que nous connaissons tous, une idée de l'état précaire de l'industrie huitrière en 1858.

« La baie de Saint-Brieuc, dit-il, si admirablement et si naturellement appropriée à la reproduction de l'huître, et qui portait autrefois, sur son fond solide et toujours propre, quinze bancs en activité, n'en a plus que trois aujourd'hui, dont avec vingt bateaux on enlèverait en quelques jours jusqu'à la dernière coquille, tandis que, au temps de la prospérité du golfe, plus de deux cents barques, montées par quatorze cents hommes, étaient occupées, chaque année, à l'exploiter du 1er octobre au 1er avril, et y trouvaient de 3 à 400,000 fr. de récolte.

« Dans la rade de Brest, et à l'embouchure des rivières de la Bretagne, la décadence fait de moins rapides progrès, parce que ces parages fertiles n'ont pas encore subi une aussi active exploitation. Mais comme le dépeuplement des autres parties de notre littoral oblige d'aller leur demander ce qu'on ne rencontre plus ailleurs, ils marchent visiblement vers la même ruine.

« A Cancale et à Granville, dans ces deux quartiers classiques de la multiplication du coquillage, ce n'est qu'à force de soins et de bonne administration qu'on réussit, non point à accroître la récolte, mais à modérer son déclin. »

M. Coste parle en termes aussi désespérants de la situation des bancs de Marennes, de La Rochelle et de Rochefort; et après avoir constaté le mal, il propose un moyen d'y remédier « par l'ensemencement du littoral de la France, de manière à repeupler les bancs ruinés, à raviver ceux qui s'éteignent, à étendre ceux qui prospèrent, à en créer de nouveaux partout où la nature du terrain permettra d'en établir. »

Le gouvernement mit un louable empressement à seconder M. Coste dans son projet : des chaloupes de l'État firent provision à Cancale de la semence de coquillages, et, remorquées par un petit vapeur, semèrent ces huîtres sur différents points de la baie de Saint-Brieuc qui avaient été marqués à l'avance. Pour assurer le succès de cette opération, M. Coste songea à placer le *naissain* futur dans les conditions les plus favorables pour qu'il pût se fixer aux lieux mêmes de l'ensemencement, et à empêcher qu'au moment de leur éclosion, les petites huîtres ne fussent entraînées par les courants sous-marins. A cet effet, il fit recouvrir les huitres-mères d'une autre couche de coquilles vides; c'était déjà un premier point d'appui pour les embryons; puis, il fit couler, de distance en distance, dans la direction des courants, des fagots liés avec du fil de fer galvanisé, et maintenus à l'état flottant, à une faible distance du fond, par une pierre suffisamment lourde à laquelle ces fagots étaient attachés. Ce dernier stratagème réussit parfaitement; après quelques mois d'immersion, on constata que les fagots étaient remplis de milliers d'huîtres, très-petites encore, mais qui étaient aptes déjà à être transportées dans les *claires* ou dans les *parcs*.

Les *claires* sont des espaces endigués que les hautes marées viennent remplir tous les quinze jours seulement : — les *parcs* sont des bassins mûrés plus rapprochés de la mer et qui sont couverts et mis à sec à chaque marée, si on le désire, une vanne permettant ou interceptant l'entrée de l'eau dans le parc. Les huîtres engraissées dans ces parcs sont de meilleure qualité que celles qui ont vécu sous l'eau stagnante des *claires*, qui donne à leur chair un goût fade que les premières n'ont pas; celles-ci, habituées à ce séjour alternatif dans l'eau et à l'air libre, sont plus facilement transportables que les huîtres élevées dans les claires.

On explique de vingt manières, c'est-à-dire qu'on n'explique pas, la couleur verte plus spéciale aux huîtres de Marennes; de même que les gourmets n'ont pas encore pu se mettre d'accord sur la signification réelle de cette couleur : si cette question avait la moindre importance, il serait aisé de la résoudre; il suffirait d'en confier l'examen à un aveugle. Cette espèce d'huîtres dispute aux huîtres anglaises le premier rang dans l'opinion des amateurs : une espèce, pourtant, à laquelle les Anglais, — plus galants qu'on ne le suppose généralement, — ont donné le nom d'*huître-Victoria,* est d'une délicatesse extrême. Ces excellents mollusques sont connus à Paris sous le non d'huîtres *d'Ostende;* or, il est bon qu'on sache qu'il n'y a d'autres huîtres, à Ostende, que celles qui y sont apportées par des navires anglais, et qui y sont parquées, pour être, plus tard, expédiées à l'intérieur. Les soi-disant huîtres d'Ostende nous arrivent, pour la plupart, des parcs de Dunkerque et ont la même origine.

La *Moule* donne son nom à la famille des Mollusques que l'on appelle les *mytilacés.* — Ce mollusque, connu de tout le monde, est surtout remarquable par le *byssus*, espèce d'organe radiculiforme qui sort de sa coquille fermée, et à l'aide duquel il se suspend en grappes ou s'accroche isolément aux roches, aux estacades, aux pieux, et même à la carène des navires, dont la marche est quelquefois entravée par le nombre des moules dont leurs flancs sont surchargés.

La moule est un peu mieux partagée que l'huître, en ce sens qu'elle est organisée pour se déplacer : elle possède un pied qui lui permet de se mouvoir et de traîner sa demeure jusqu'à l'endroit où elle juge convenable de la fixer; ce pied lui sert encore à diriger les brins soyeux de son byssus, lorsqu'il s'agit de les faire adhérer au corps solide qu'elle a choisi pour séjour.

Ce mollusque se rencontre abondamment sur les côtes de France; et il est une précieuse ressource pour les habitants peu aisés du littoral, qui le recueillent et se procurent ainsi, dans des cas pressants, une alimentation qui ne leur coûte d'autre travail qu'une promenade au bord de la mer. Cette manière de récolter les moules ne pourrait suffire aux besoins de leur consommation qui est énorme ; aussi, a-t-on songé depuis longtemps à les cultiver. L'histoire de cette culture en France est assez curieuse, et c'est encore dans l'ouvrage déjà cité de M. Coste que je puiserai quelques détails.

En 1235, un Irlandais, nommé Walton, qui faisait le trafic des moutons sur les côtes d'Angleterre, transportait ses animaux, d'un port à l'autre, au moyen d'une petite barque dont il était à la fois le propriétaire et le patron. Un jour, son bateau, assailli par une tempête épouvantable, dut fuir devant la bourrasque, et vint naufrager sur les côtes de France, non loin de la baie de l'Aiguillon (Charente-Inférieure) : lui seul fut sauvé, et le produit de la vente de quelques-uns de ses moutons échappés au désastre, fut l'unique ressource qui resta au malheureux naufragé (1). Mais Walton était un homme énergique : — au lieu de perdre son temps à déplorer sa destinée, il se mit en tête de forcer la mer à lui fournir les moyens d'exister sur les lieux mêmes où elle avait englouti sa fortune; disant adieu à l'Angleterre et aux moutons, il s'établit dans la baie de l'Aiguillon, où il commença par vivre du produit de la chasse au filet des nombreux oiseaux (les pluviers, sans doute) qui la fréquentent.

Cette chasse consiste à fixer, sur des pieux, de vastes filets à larges mailles : pendant la nuit, les bandes

(1) On affirme que c'est de ces mêmes moutons que descend la race actuelle qui produit les excellents gigots de *pré-salé*.

d'oiseaux qui volent toujours en rasant la surface de l'eau, viennent se jeter sur ces filets et s'étranglent dans leurs mailles : or, Walton remarqua que les pieux qu'il plantait sur la plage, à marée basse, ne tardaient pas à se couvrir de moules qui y acquéraient, en peu de temps, une grosseur et une qualité que ne possèdent pas celles qui sont récoltées sur la vase; il remarqua également que la base des filets servait de refuge au naissain de ces mêmes moules : ces deux faits furent pour lui un trait de lumière.

Il commença par augmenter le nombre de ses pieux ; puis, il les relia entre eux par un clayonnage infiniment plus durable que ses filets; les *bouchots* étaient inventés. Walton donna, à ces alignements de pieux clayonnés, la forme de son initiale W, — que ses successeurs ont respectée, — comme s'il eût voulu laisser, après lui, son paraphe sur ces plages vaseuses, acquises par son génie à l'industrie humaine. — « Voilà, dit M. Coste, comment il construisit le premier établissement, sur le modèle duquel sont édifiés encore aujourd'hui les quatre cent quatre-vingt-dix *bouchots* qui couvrent la moitié de l'anse de l'Aiguillon. »

Les moules recueillies sur ces clayonnages sont de trois qualités ; celles de la base ont un petit goût de vase qui diminue un peu leur valeur gastronomique; celles du milieu sont déjà préférables; mais les moules du haut ont, avec raison, la réputation d'être parfaites.

Grâce à l'invention de Walton, la production des moules est en rapport avec la consommation que nous faisons jusqu'à présent de ce mollusque. La crainte qu'éprouvent un grand nombre de personnes de s'empoisonner en mangeant cet animal, réduit considérablement, dans le centre de la France surtout, le nombre des consommateurs. A Paris, sur le littoral, on est plus aguerri; on sait que les moules réellement dangereuses sont celles qui ont été imprudemment recueillies sur les doublages en cuivre des navires : celles-là sont dans les conditions de tous les aliments qui contiennent des sels cuivriques; il ne faut pas y toucher.

Il arrive cependant quelquefois, qu'après l'ingestion des moules autres que celles dont je viens de parler, des symptômes analogues à ceux d'un empoisonnements se manifestent : on éprouve de vives douleurs à l'estomac et de fortes coliques; une fièvre violente se déclare, elle est souvent accompagnée de délire; enfin, un symptôme particulier, l'enflure extraordinaire de la face, accompagnée de rougeur, achève de mettre le patient dans le plus piteux état.

Les avis sont partagés sur les causes de cette sorte d'incommodité : les uns affirment qu'elle est due à la présence, dans la moule, d'un crabe lilliputien dont le nom tiré du grec (*Pinnothère*) signifie « je cherche les moules », et qui appartient à la famille des catométopes; mais rien ne prouve que ce petit crustacé soit lui-même vénéneux; les autresdisent que les moules ne deviennent toxiques qu'à l'époque du frai de certains crustacés dont elles se nourrissent : toutes ces assertions ne s'appuient sur aucun fait bien établi.

Ces empoisonnements sont combattus par l'administration du lait, des vomitifs, de l'éther et même de la saignée. A défaut d'une explication satisfaisante, on conseille, comme mesure générale de précaution, de ne manger des moules que pendant les mois qui ont un R dans leur nom : si cela était vrai, le mois le plus favorable, pour la consommation de ce mollusque, serait celui de février, puisqu'il contient deux R ; malheureusement pour la réputation de la formule, c'est précisément en février que les moules deviennent laiteuses, préparent leur frai, et perdent la meilleure partie de leurs bonnes qualités.

Suivant M. Coste, les seuls *bouchots* de la baie de l'Aiguillon produisent annuellement de 30 à 37 millions de kilogrammes de moules, dont la valeur brute est de un million à douze cent mille francs.

CHAPITRE VIII

LA PISCICULTURE

Je ne vous apprendrai rien de nouveau, mes amis, en vous disant qu'il existe actuellement sur notre planète, — et ce nombre n'est pas définitif, — onze cents millions d'humains, petits et grands, riches et pauvres qui, tous les jours, doivent trouver à manger, ou se résigner à passer bientôt de vie à trépas. Deux ou trois milliards de repas, chaque jour, convenons que ce n'est pas une petite affaire.

Aussi, l'humanité s'évertue à chercher, à créer, à multiplier les aliments : elle en demande à tout ce qui l'entoure ; elle en demande aux forêts et aux montagnes qui recèlent les animaux marrons de la création ; elle en demande à la plaine qui lui fournit des fruits, des grains et des herbages ; elle en demande enfin à ces vastes espaces liquides qui couvrent les deux tiers de notre planète.

Les lacs, les fleuves, les rivières, les Océans immenses sont autant de domaines dans lesquels l'homme, chasseur audacieux, va chercher à travers mille dangers, en supportant mille fatigues, les éléments de sa conservation.

Tout doit faire supposer que la pêche fut, plus encore que la chasse, la ressource capitale de l'homme primitif qui ne savait rien demander à l'agriculture : le gibier terrestre pourchassé à outrance émigrait, quittait la contrée ; l'extrême perfection de ses sens et de ses moyens de locomotion, lui permettait d'échapper facilement à la poursuite d'un ennemi relativement peu agile, et dont le bras, armé d'un simple épieu ou d'un javelot grossier, ne pouvait pas être bien redoutable : l'âge de pierre pour l'homme dut être l'âge d'or pour les lièvres et les perdreaux.

Le poisson, lui, ne fuyait pas plus alors qu'aujourd'hui le pêcheur ; alors, comme aujourd'hui, les sens de l'ouïe, du goûter et du toucher à peine ébauchés chez le poisson, lui interdisant la circonspection, facilitaient conséquemment les moyens de l'approcher et de le capturer.

Il faut reconnaître qu'en créant un besoin, la nature a toujours placé à côté une ressource pour le satisfaire. A l'homme des premiers âges, elle dit : « En te donnant la faim, je t'ai refusé la vigueur et la légèreté nécessaires pour atteindre, à la course, les cerfs, les daims et les autres habitants des forêts ; ne te hâte pas de me maudire. Voilà des poissons qui ne fuiront pas devant toi ; mais il faut trouver le moyen de les approcher. Regarde donc cette feuille qui flotte sur l'eau en transportant un insecte ; regarde également cette toile de l'araignée qui arrête si bien les mouches au passage ; persuade-toi ensuite, puisque cela te plait, ô Roi de la création, que tu vas inventer les bateaux qui te permettront de marcher sur les eaux et d'arriver jusqu'au poisson ; invente de la même façon les filets, les nasses, les hameçons pour le prendre ; deviens incidemment charpentier, forgeron, cordier, etc., etc. ; tu ne seras plus aussi affamé, tu auras fait le premier pas vers ton bien-être futur, c'est le principal, et ta petite vanité d'inventeur sera fort agréablement chatouillée par dessus le marché. »

L'œuvre de notre bonne mère-nature est parfaite ; tout est calculé, raisonné, prévu par sa maternelle tendresse ; vous ne la trouverez jamais en défaut : ces poissons, qu'elle a livrés en pâture à l'homme, disparaîtraient bientôt par la raison même de leur inaptitude à échapper aux piéges qui leur sont tendus ; aussi, leur a-t-elle donné une fécondité inimaginable, tout en fermant leurs cœurs aux joies et aux soucis de l'amour et de la famille.

Point de jalousie et de luttes entre les mâles, point de tendresse chez les femelles, aucune passion qui puisse troubler des hymens qui sont purement végétatifs. La femelle, lorsque l'instant est venu, dépose une quantité innombrable d'œufs dans un endroit qui lui semble propice, et s'éloigne : un mâle de sa race, le premier venu, arrive ensuite, féconde machinalement, de sa laitance, ces œufs d'une inconnue, et s'éloigne à son tour : puis, ces milliers d'enfants du hasard naissent ou ne naissent pas, croissent s'ils le peuvent, et multiplient de la même façon, sans se soucier le moins du monde de parents qu'ils n'ont pas connus, et d'enfants qu'ils ne connaîtront jamais.

Voilà donc des êtres dépourvus, en naissant, de tous les sentiments qui élèvent l'animal au-dessus du végétal sur l'échelle de la création; des êtres qui ne se rattachent à l'existence animale que par un vice : la gloutonnerie. Ne sont-ils pas ainsi clairement désignés à l'homme comme une proie dont il peut s'emparer et s'alimenter sans scrupule? — « Epargne tes amis, laisse vivre ton cheval et ton chien, dit encore la nature; mais mange le poisson puisque je l'ai créé sans passions et sans sympathies, sans aucun lien dans la vie, afin que sa mort soit sans intérêt autant pour ceux qui l'ont précédé que pour ceux qui resteront. »

L'humanité ne doit s'en prendre qu'à elle-même si elle ne trouve pas actuellement les principales ressources de son alimentation dans les eaux, qui, répétons-le, couvrent les deux grands tiers de la surface de la terre, et qui constituent tout à la fois un réservoir, et un pâturage immense dont la nature est gratuitement le métayer.

La race humaine, fût-elle deux fois plus nombreuse, y trouvera une alimentation suffisante, le jour où elle se donnera la peine de comprendre et de pratiquer sérieusement l'élevage du poisson. — Et, ce qu'elle doit faire, les difficultés qu'elle doit surmonter, le laps de temps nécessaire pour atteindre ce résultat, ne sont rien, absolument rien, si on les compare à ce qu'elle dut dépenser de trésors de patience et de travail, à ce qu'elle dut supporter de privations et de misères avant d'arriver à la petite somme de bien-être dont elle jouit aujourd'hui.

Depuis l'époque où le premier boisseau de blé fut recueilli, moulu et transformé en galette dans un petit coin de l'Egypte, jusqu'à celle où le pain est devenu la base de l'alimentation sur presque toute notre planète, combien de siècles se sont écoulés ! Que d'efforts, que de travail, que de luttes, avant d'arriver à obliger la terre à produire et reproduire sans cesse ce petit grain devenu si précieux ! Il faut, bon gré mal gré, qu'elle le fournisse à notre race, partout et quand même; en vérité, c'est à regret que nous nous résignons à ne pas semer du blé sur les glaces des deux pôles, ainsi que dans les terrains calcinés de la zône torride.

Que de travail, que de surveillance nous coûte un pauvre morceau de pain! tandis que, après avoir placé un animal dans des conditions médiocrement bonnes, dans un milieu à peu près convenable, si vous l'abandonnez à lui-même, vous avez la certitude que, son instinct de la conservation aidant, il améliorera spontanément sa situation, et vous n'aurez que fort peu de chose à faire pour lui faciliter les moyens de croître et multiplier à l'infini.

Il y a trois siècles et demi (que seraient trois cent cinquante ans, et bien davantage, dans l'histoire du blé !), Solis découvrit le Rio de la Plata. Il avait, à bord de ses navires, un certain nombre de chevaux et de juments pour guerroyer contre les Indiens; il avait aussi quelques vaches et sans doute quelques taureaux destinés à procurer, de temps à autre, des vivres frais à ses équipages. — Tous ces animaux avaient également le plus grand besoin de fourrages frais, lorsqu'enfin on arriva en vue de cette terre inconnue; l'on s'empressa donc de les débarquer et de les installer dans un des pâturages plantureux qui constituent les plaines immenses du Rio de la Plata.

Un beau jour, je ne sais quel événement, — un *Pampero* peut-être, — força Solis à lever l'ancre et à s'éloigner rapidement, abandonnant chevaux, juments et bestiaux sur le rivage. Lorsqu'il revint quelques jours après, ces dames et ces messieurs avaient pris la clef des champs, et il fut impossible à notre navigateur de les retrouver.

Quelques années plus tard le *Rio Solis* fut visité de nouveau par le navigateur vénitien Sébastien Cabot, qui fut fort surpris de trouver des troupeaux déjà nombreux de chevaux et de bœufs (des bœufs ?) dans un pays qui ne lui promettait pas pareille aubaine; et aujourd'hui, c'est par millions, mes amis, que l'on calcule le nombre de têtes de bétail dans ces contrées.

Cependant on n'a rien fait pour obtenir ce résultat qui n'est le fruit, ni du travail, ni de la réflexion, mais tout simplement d'une véritable mésaventure arrivée à un navigateur. Tout au contraire, des milliers de bœufs et de chevaux sont abattus chaque jour, et sans discernement, pour en retirer la peau et quelques livres de suif. C'est aussi par milliers et par milliers que ces animaux périssent de soif, annuellement, dans les *pampas* desséchés par le soleil.

Je ne crois pas avoir besoin de vous affirmer que si, au lieu de débarquer quelques paires d'animaux sur les rivages de la Plata, Solis y avait laissé, par mégarde, un sac de blé, abandonné à lui-même, ce sac de blé n'eût rien produit du tout; et nous avons vu que les bestiaux s'étaient admirablement tirés d'affaire.

Que dirons-nous donc des poissons, dont la constitution est infiniment plus robuste, dont l'existence et le développement sont infiniment plus faciles à protéger que ceux des mammifères en général, et des herbivores en particulier?

C'est, d'ailleurs, sous les climats les plus rigoureux, dans les mers les plus froides qu'ils pullulent et prospèrent le mieux. Semblables à ces végétaux qui se plaisent dans les sites les plus arides, les plus balayés par les vents, les poissons affectionnent également les parages les plus dévastés par la tempête; ils trouvent la prospérité sous des climats où presque tous les animaux succomberaient.

Il est difficile de se faire une idée tant soit peu exacte des richesses comestibles dont nous pourrions disposer aujourd'hui, si nos aïeux, au lieu de détruire et toujours détruire avec sauvagerie des quantités immenses de poissons, avaient fait quelque chose, si peu que ce soit, pour diriger et protéger leur reproduction.

Laissons parler Bernardin de Saint-Pierre: voici ce qu'il dit des poissons de la mer du Nord.

« Je ne m'arrêterai qu'à ceux des poissons qui sont les plus connus, tels que les harengs. C'est un fait certain qu'il en sort, tous les ans, une quantité plus que suffisante pour nourrir tous les habitants de l'Europe.

« Nous avons des mémoires qui prouvent que la

pêche s'en faisait dès l'an 1168, dans le détroit du Sund, entre les îles de Schonen et de Séeland. Philippe de Mézières, gouverneur de Charles VI, rapporte, dans le *Songe du vieux Pèlerin*, « qu'en « 1389, aux mois de septembre et d'octobre, il y « avait une quantité si prodigieuse de harengs dans « ce détroit, que, dans l'espace de plusieurs lieues, « on pouvait, dit-il, les tailler à l'espée. Et c'est « commune renòmmée qu'ils sont quarante mille « bateaux qui ne font aultre chose, en deux mois, « que pescher le hareng, et en chacun bateau il y a « au moins six personnes et jusqu'à dix ; et, de plus « il y a cinq cents grosses et moyennes nefs qui ne « font que recueillir et saler les harengs en caque. »

Je ne sais pas s'il serait utile ou même possible de faire quelques efforts pour augmenter encore ces prodigieuses quantités de harengs ; il se pourrait que le hareng fût aux poissons ce que l'hirondelle est aux oiseaux : un émigrant périodique qui ne saurait profiter des avantages d'une reproduction artificielle ; il se pourrait que la sardine, le maquereau, la morue fussent dans le même cas ; mais il me semble plus que probable que tant d'autres espèces qui naissent, croissent, et multiplient sur nos côtes, sans s'en éloigner beaucoup, seraient aptes à recevoir de nous tous les soins qui auraient pour objet de multiplier les individus jusqu'à l'infini. Ceci m'amène naturellement à dire quelques mots d'un art moderne qui a déjà eu ses apôtres, et dont nous devons attendre les plus grands résultats sociaux, si nous prenons la peine de le comprendre et de l'encourager : je veux parler de la *pisciculture*, dont voici l'histoire et le but.

Dans la dernière moitié du siècle passé, Jacobi, naturaliste allemand, étudiant les mœurs des saumons et des truites, remarqua quelques particularités dans leur manière de déposer leurs œufs et de les féconder : désirant observer ce phénomène de plus près, il se procura un mâle et une femelle de saumon qu'il installa, à sa portée, dans un petit vivier d'eau courante. L'époque à laquelle la femelle devait déposer ses œufs étant arrivée, et celle-ci ne s'exécutant pas assez vite au gré de l'impatient observateur, il la saisit un jour pour s'éclairer sur la cause de ce retard, et s'aperçut que sous la pression involontaire de sa main, les œufs s'échappaient en abondance par leur issue naturelle.

Assez mécontent de ce qu'il regardait comme une expérience manquée, il rejeta la femelle inutilisée; et déposa cependant les œufs dans un vase plein d'eau. N'ayant plus la femelle, le mâle lui devenait inutile et il le saisit à son tour soit pour l'examiner, soit pour le porter à la cuisinière; mais, comme Jacobi était à la fois allemand et savant, il réfléchit et se ravisa.

Il se demanda pourquoi il ne violenterait pas également un peu la nature en faisant volontairement au mâle ce qu'il avait fait maladroitement à la femelle; et sans plus tarder, pressant légèrement le ventre du saumon, il en fit sortir la laitance qu'il laissa tomber dans le vase où les œufs étaient déjà déposés : — « Ce serait drôle ! » se dit-il, en souriant d'une idée bizarre qui lui traversait l'esprit. Rien n'était pourtant plus grave, plus sérieux, car la *fécondation artificielle* était, sinon découverte (puisqu'un moine, dom Pinchon, l'avait étudiée quelques trois ou quatre cents ans auparavant), mais du moins, passait de l'obscurité à la lumière.

En effet, peu de temps après, ravi, émerveillé, il aperçut des centaines de saumonneaux rudimentaires frétillant dans le vase où le hasard, plutôt que le raisonnement, avait réuni les œufs d'une femelle et la laitance d'un mâle.

Il est aisé de saisir la portée de cette découverte, car elle était immense. Si la nature a multiplié les œufs chez le poisson, comme elle a élevé, jusqu'à l'infini, le nombre des semences chez la plupart des végétaux, c'est que, dans l'un comme dans l'autre cas, l'abandon où se trouvent ces éléments de reproduction, leur manque absolu de protection, les dangers de toute nature qui les environnent, rendent au moins problématique, si ce n'est fort rare, la réussite de leur éclosion. Jacobi avait trouvé le moyen de décupler, centupler les chances de réussite.

Examinons ce qui se passe dans la reproduction naturelle des poissons : la femelle, surchargée d'œufs, cherche dans une eau tranquille, une pierre, une souche d'arbre ou tout autre abri, un lieu favorable, enfin, où elle se débarrasse de son fardeau. Cela fait, elle a rempli sa tâche, ses devoirs de mère ne vont pas au-delà, dans ses entrailles, elle ne trouve qu'un sentiment : le besoin de manger.

Les œufs qu'elle abandonne avec l'indifférence qu'apporte un végétal à abandonner aux vents sa semence, deviennent ce qu'ils peuvent ; c'est-à-dire que s'ils échappent à la voracité des rats d'eaux, des insectes carnassiers, etc., ils seront peut-être mis à sec par un retrait des eaux, ou entraînés et dispersés par elles dans une crue subite : adieu la couvée... — Supposons cependant que rien ne troublera sa sécurité; mais le mâle qui doit venir la féconder, arrivera-t-il? — Ne sera-t-il pas pêché par les hommes, mangé par ses ennemis, ou moins tragiquement détourné de sa mission, par quelque petit événement? et voilà la couvée stérilisée. — Admettons encore que la laitance fécondante aura été déposée à son tour et en temps utile : que devient-elle? que deviennent les œufs fécondés? les mêmes accidents les menacent; ils peuvent être mangés ou également détruits, de mille manières, avant leur éclosion.

Supposons enfin que quelques centaines d'œufs, sur les centaines de mille qui ont été pondus, arrivent à terme : quel sera le nombre des petits poissons embryonnaires qui, pourchassés sans cesse par les grands, échapperont à leur voracité? Combien d'entre eux atteindront l'époque à laquelle ils auront la vigueur nécessaire pour passer, à leur tour, de l'état de gibier à celui de chasseur?

Tout est éventuel dans la reproduction naturelle des poissons; de même que rien n'est plus incertain que la reproduction régulière des végétaux livrés à eux-mêmes. Laissez aujourd'hui au blé le soin de se reproduire lui-même; cessez de labourer, de semer; cessez également de protéger semaille et moisson contre les déprédations des oiseaux, des rongeurs et des insectes ; et dans un an, un homme consacrera deux mois de son temps à parcourir son département pour récolter le grain nécessaire à la confection d'un pain de quatre livres. Mais que, mieux avisé, au lieu de manger ce grain, ce même homme en dirige et protége la germination après l'avoir semé dans un terrain approprié, et l'année suivante, il trouvera dans le champ qui entoure sa maison, sous sa main, assez de blé pour nourrir sa famille pendant un mois.

Voilà, certes, un superbe résultat ; et nous sommes tous d'accord sur ce point que Cérès, Isis, ou tout autre introducteur de la culture du blé sur la terre, a bien mérité de l'humanité. Eh bien ! si l'on me donnait à choisir entre la gloire de ce bienfaiteur anonyme des générations passées et futures, et celle qui attend les auteurs irrécusables de la fécondation artificielle et de l'élevage des poissons, j'hésiterais, je l'avoue. Je me demanderais si nos arrière-petits neveux ne placeront pas au dessus des noms de Cérès, Isis ou Isheth, les noms de Dom Pinchon, de Jacobi et de Rémy ; sans négliger celui de M. Coste qui s'est fait l'infatigable Parmentier de cette découverte alimentaire.

Je me dirais : lorsqu'après avoir péniblement défriché, fouillé, remué, fumé, sarclé la terre, vous lui confiez un grain de blé, vous avez, par avance, la certitude de ne récolter, dans les meilleures conditions climatériques et au *maximum*, qu'un seul et unique épi ; lequel, égrené, moulu et réduit en une pincée de farine qui tiendra aisément dans le creux de la main, puis, converti en pain, vous donnera une bouchée, à peine une bouchée de ce dernier aliment :

dans un épi, vous ne sauriez trouver davantage. Quelques grammes de gluten et d'amidon avec beaucoup d'eau, tel sera le résultat alimentaire que vous retirerez de la culture d'un grain de blé, si la chance vous favorise.

Répétons-le, ce résultat est magnifique ; mais que de force dépensée ! quelle complication de moyens mis en jeu ! quel attirail de charrues, de bœufs, de herses, de machines à battre et de tant d'autres engins pour l'obtenir ! sans compter le sol qui n'est pas toujours apte à fournir le blé ; sans compter enfin le moulin nécessaire pour le moudre.

Maintenant, si, au lieu d'un grain de blé, vous prenez un œuf, une *graine* de carpe, par exemple, (prenez plutôt cent mille œufs de carpe, ce sera infiniment plus simple et plus facile), déposez-les dans un baquet, dans un seau, dans un vase quelconque contenant un peu d'eau ; puis, versez par-dessus la laitance du mâle. Si les œufs, la laitance et l'eau sont dans de bonnes conditions pour la fécondation, — et il n'y a pas encore là de difficultés, — au bout de quatre ou cinq semaines d'un séjour ultérieur dans une caisse où l'eau sera renouvelée, vous verrez plus de la moitié de ces œufs (50,000) remplacés par des myriades frétillantes de tout petits carpillons : c'est la graine qui a germé.

Bientôt tous ces petits corpuscules grossissent, prennent de la taille ; l'espace va leur manquer dans la caisse : voilà la graine qui lève. Vous déversez donc le contenu de votre caisse, soit dans un vase beaucoup plus grand, soit dans une mare; ou, mieux encore, dans un petit vivier très-facile à établir, et qui aura une issue dans l'étang voisin ou dans la rivière. Là, grâce à quelques miettes de la table, à quelques résidus inutilisables de la grange ou du moulin, vos carpillons acquièrent, en cinq ou six mois, assez de vigueur et d'agilité pour savoir échapper à la poursuite des poissons carnassiers, pour pouvoir affronter les dangers de leur vie ultérieure.

Le moment est venu de leur donner la volée, — passez-moi le mot ; — la tutelle de l'éleveur ne leur est plus indispensable, ils sont émancipés ; on leur laisse le soin de chercher leur vie dans la rivière ou dans l'étang ; le blé est en fleur.

Mais notre analogie cesse un instant d'être juste ; car le blé en fleur n'est pas bon à grand'chose, tandis que des carpillons de six mois constitueraient déjà une succulente friture.

Dix-huit mois, un peu plus, un peu moins, s'écoulent encore ; et si nous supposons qu'aucun accident n'est venu troubler le libre développement de vos cinquante mille élèves, de même que nous avons admis qu'aucune grêle, aucune inondation, aucune sécheresse n'a fait périr le blé, vous trouverez alors dans l'étang, en échange de l'œuf qui n'était pas gros, en tout, comme un grain de millet, une jolie carpe qui pèsera peut-être cinq cents grammes : vous récolterez une livre de chair savoureuse, réparatrice, facile à digérer, renfermant en abondance les phosphates si nécessaires à la constitution de notre charpente osseuse et à tout notre organisme. Ce n'est plus seulement dix, vingt bouchées de pain ; c'est un repas tout entier qui sortira de cet œuf gros, disons-nous, comme une petite tête d'épingle.

Nous voici bien loin des dix-huit ou vingt épis qu'aurait pu nous donner le grain de blé de tout-à-l'heure, après le résultat *composé* de deux récoltes successives; c'est-à-dire après les deux années qu'aura demandé notre œuf pour devenir une carpe de cinq cents grammes. Et, que nous aura-t-il fallu pour créer cinquante mille carpes, cinquante mille repas substantiels ? un baquet, une caisse, de l'eau ; et chaque jour, pendant le premier mois, quelques minutes d'une surveillance amusante, dont se chargeront volontiers nos femmes et surtout nos enfants.

Ajoutons enfin que rien ne nous oblige à hâter la récolte et à l'engranger; nous n'avons à redouter ni la grêle, ni la pluie, fort peu les orages : — nous ne craignons pas davantage les incendies, cela va sans dire. — Si nous n'avons que faire de nos poissons, laissons-les où ils sont ; ils ne s'en trouveront pas plus mal, au contraire. Dans un mois, dans un an, dans deux ans, ils seront toujours à notre disposition ; seulement, nous les retrouverons un peu plus gros : je n'y vois, pour ma part, aucune espèce d'inconvénient.

« Tout homme, a dit Franklin, qui pêche un poisson, tire de la mer une pièce de monnaie. » Il dirait peut-être aujourd'hui : « Celui qui sème dans la mer le produit de la fécondation de cent mille œufs de poissons, prépare cent mille repas pour ses semblables et pour lui-même ; conséquemment, il devient l'auteur de cinquante mille journées de quiétude à répartir entre les humains : voilà un brave homme. »

Il semblerait que la découverte de Dom Pinchon et de Jacobi, qui touchait de si près aux intérêts les plus graves de la société, dut avoir, dans son temps, un retentissement immense, et que l'humanité, dans un élan unanime de reconnaissance, dut élever jusqu'aux cieux le nom du moine et celui du digne Allemand.

Hélas ! l'humanité professe souvent autant de gratitude pour ses bienfaiteurs véritables, que les poissons témoignent d'amour maternel pour leurs petits : Jacobi, le moine et leur découverte, furent soigneusement enterrés sous une montagne d'indifférence ; si bien enterrés et oubliés, que près d'un siècle plus tard, et avec une bonne foi indubitable, deux obscurs pêcheurs de l'Ain découvrirent, à leur tour, la fécondation artificielle des poissons.

Pendant les nombreuses années qui s'écoulèrent entre la découverte de Jacobi et l'époque à laquelle il se fit tant de bruit autour du nom de nos pêcheurs Rémy et Géhin, la pisciculture avait eu pourtant deux heureuses applications. Près de Nortelem (Hanovre), un établissement fut créé à la fin du siècle passé, et donna d'excellents résultats financiers. Il n'en fallait pas davantage pour engager ses propriétaires à ne pas ébruiter une industrie qui leur assurait de jolis bénéfices. Beaucoup plus récemment, vers 1840, des propriétaires riverains de quelques cours d'eau de l'Ecosse, s'apercevant que le saumon disparaissait de leur voisinage, installèrent également des établissements de fécondation artificielle pour repeupler leurs rivières. Mais en France, personne ne ramassa cette magnifique idée et ne la mit en lumière, jusqu'au moment où, la presse aidant, deux pêcheurs bressois appelèrent sur eux l'attention, et s'acquirent les sympathies du monde entier par le fait même de leur pauvreté et de l'obscurité de leur condition.

La polémique que souleva la résurrection de la découverte de Jacobi, fut un excellent moyen de la propager. Les indifférents s'émurent ; on prit parti, je ne sais plus à quel propos, qui pour Rémy, qui pour l'Académie ; la vie, enfin, reparut dans cette question en léthargie.

Il ne pouvait en être autrement; il fallait qu'un jour ou l'autre les hommes trouvassent moins péniblement leur *panem quotidianum ;* il fallait que l'humanité, un peu soulagée du lourd souci de sa conservation matérielle, pût enfin disposer de quelques loisirs pour élever son niveau intellectuel : c'était écrit.

La débonnaireté, la patience de notre bonne mère-nature n'ont pas de bornes : nous dédaignons, nous repoussons les efforts qu'elle tente pour nous mettre en face du but. Marmots ingrats, volontaires et indociles, nous abandonnons sa main qui nous guide et nous soutient; bientôt, nous nous fourvoyons, nous trébuchons, et quand nous nous sommes bien et dûment cassé le nez, elle nous ramasse, étouffe sous ses caresses nos pleurs et nos colères, et après avoir pansé la blessure, elle se contente de sourire et de nous remettre dans le bon chemin. « Puisqu'il le faut, dit-elle, nous y mettrons le temps, mais nous arriverons. »

L'humanité finit, en effet, par arriver tôt ou tard ; mais auparavant, que de révoltes ! que d'écoles buissonnières ! que de chutes ! et que de temps perdu à gémir et à accuser le sort !

Notre siècle vaudrait-il mieux que le précédent, ou faut-il supposer qu'il a plus d'affamés à satisfaire ? Laissons ces tristes questions qui ne seraient pas, d'ailleurs, à leur place ici, et bornons-nous à constater que la pisciculture est devenue l'objet des recherches et des sérieuses préoccupations de quelques-uns de nos meilleurs esprits : j'étais tenté de dire de « nos meilleurs cœurs. »

Elle a même été, pendant une saison, une affaire d'engouement, une chose tout à fait à la mode : dans un élan de sensibilité fort élégante, chacune de nos belles dames a voulu posséder son petit « aquarium » et surveiller maternellement, entre trois et quatre heures de l'après-midi (les jours de pluie, s'entend, quand on ne va pas au bois), l'éclosion de ces « pauvres poissons. » Il est vrai que l'étincelant poisson rouge n'a pas tardé à remplacer, sur l'étagère, les embryons un peu ternes des poissons utiles ; que « l'aquarium » lui-même descendit bientôt avec ses « sottes petites bêtes » du salon à l'office, et que madame fit la paix avec sa perruche ; mais il n'en est pas moins acquis que la pisciculture a eu la consécration la plus difficile à obtenir : celle de la mode. Revenons une dernière fois au côté sérieux de cette question.

La pisciculture est un art trop récent pour qu'il soit possible, je ne dirai pas d'en juger sainement, mais bien d'en prévoir les résultats. Nous sommes tellement habitués, aujourd'hui, à marcher vite et toujours plus vite en toutes choses, qu'en politique, en industrie, en économie sociale, les heures nous semblent des années, les mois nous semblent des siècles; et pour peu qu'il se produise le moindre temps d'arrêt, le moindre ralentissement dans la progression d'une idée, nous n'avons pas la patience de nous arrêter également et de l'attendre. A l'engouement de tout-à-l'heure, succède l'oubli et l'indifférence; nous passons outre, et nous nous jetons, à corps perdu, dans un autre sentier. Il résulte de cela que, à l'exception de quelques fidèles qui, comme M. Coste, s'attachent à la délaissée, l'ensevelissent si elle n'est pas viable, la raniment à force de persévérance si elle doit vivre, chacun s'en va de son côté, et la pauvre idée, abandonnée, ou peu s'en faut, à elle-même, végète, pâtit, au lieu de prendre l'essor prodigieux que lui eût valu l'appui intelligent de tous ceux qui auraient intérêt à la soutenir.

C'est ce qui est arrivé à la pisciculture : après tout le bruit que nous avons fait autour des noms de Rémy et de Géhin; après avoir attendu vainement pendant six grands mois, ma foi, que les travaux de M. Coste amenassent sur nos tables des monceaux de truites et de saumons; au lieu d'apporter, chacun dans la mesure de ses ressources et de ses facultés, notre obole d'idée ou d'expérimentation à la pisciculture, nous nous sommes précipités à la suite de quelque nouveauté inutile — ou malsaine — qui faisait son apparition : le blindage des navires, les hurlements d'une chanteuse épileptique, les jongleries de deux drôles dans une armoire, les fusils à aiguille, etc., que sais-je? Faites-moi le plaisir de me dire, un peu, ce qui pourra jamais sortir de réconfortant, pour l'humanité, d'un fusil à aiguille?

Il me semble pourtant que, si jamais question mérita d'être étudiée et poussée vigoureusement, c'est bien celle de l'Alimentation. Il me semble que les établissements de pisciculture pourraient et devraient être multipliés à l'infini chez toutes les nations, celles, surtout, dont le territoire est baigné par la mer.

Question d'argent ! direz-vous. Soit, nous sommes d'accord; c'est une question d'argent; mais c'est, avant tout, une question de bonne volonté. Obtenez de l'humanité qu'elle fasse, pour multiplier les poissons, la dixième, la centième partie des frais d'imagination qu'elle a déployés pour les détruire, je vous garantis que ces prolifiques animaux accompliront, de leur côté, des merveilles de fécondité, et que nos moindres efforts seront largement récompensés.

Mais non, dans cette affaire, comme dans beaucoup d'autres, nous nous sommes fourvoyés dès l'origine, nous avons considéré les poissons comme un produit spontané de la nature, comme une richesse naturelle, inépuisable, dont nous pouvions jouir sans lois ni mesures ; de la même façon que nous jouissons du soleil qui nous réchauffe et nous éclaire, de l'air que nous respirons, sans que nous soyons tenus de reproduire les quantités consommées par nos yeux et nos poumons.

Depuis le jour où il leur fut dit : « J'ai mis entre vos mains tous les poissons de la mer », au lieu d'administrer cette richesse en bons pères de famille, en honnêtes usufruitiers, les hommes l'ont livrée au gaspillage le plus effréné; et pourtant, ils ont eu soin de greffer les arbres à fruits, ils ont remué la terre à grands renforts de bras et y ont semé les céréales, ils ont domestiqué le cheval et le taureau : après avoir péniblement poursuivi le sanglier et le mouflon, ils se sont aperçus qu'il serait infiniment préférable, plus commode, de les tenir sous la main ; et cette idée venue, ils sont parvenus, mais Dieu sait au prix de quelles luttes avec la nature, à les transformer en porcs et en brebis : pour conquérir le pain et la viande, mille générations ont dépensé des trésors d'activité, de courage et de persévérance ; ce n'est donc ni le désir, ni la faculté d'améliorer leur condition qui leur a jamais fait défaut.

Mais alors, pourquoi n'a-t-on jamais songé à appliquer aux poissons, — qui, pour pulluler dans une proportion inouïe, ne demanderaient peut-être autre chose qu'à être protégés, dans une certaine mesure, contre la voracité de leurs carnassiers; — pourquoi, dis-je, n'a-t-on jamais songé à leur appliquer une faible partie des peines et des soins qui ont été mis en jeu pour la conservation des autres sources de l'alimentation. Pourquoi, au contraire, les a-t-on toujours traités en ennemis, comme ces animaux malfaisants envers lesquels tous les moyens imagi-

14

nables de destruction sont justifiés par le fait même de leur état d'hostilité contre l'espèce humaine?

Puisque vous aimez la guerre, faites-la donc, et à outrance, aux roussettes, aux chiens-de-mer et à tous ces *squales* qui détruisent peut-être un plus grand nombre de *vos* poissons que vous-mêmes n'en exterminez; de même que vous avez eu soin de pourchasser, réduire, confiner, reléguer à une distance respectueuse, les loups, les renards et tous les fauves, lorsque vous vous êtes aperçus qu'ils croquaient le meilleur de vos poules et de vos brebis. Cette simple intervention suffirait, peut-être, pour accroître prodigieusement le nombre des poissons comestibles : il ne leur faut, — qui sait? — qu'un peu de protection et de tranquillité pour donner un essor inattendu à leur merveilleuse fécondité : Aphrodite est fille de l'Océan.

Question d'argent! direz-vous encore. Mais n'en trouvez-vous pas, de l'argent, chaque fois qu'il s'agit de protéger vos personnes et vos biens? n'a-t-on pas trouvé 23,000 livres en 1765 pour mettre à mort un simple loup qui faisait rage dans le Gévaudan? n'en trouvez-vous pas, tous les jours, pour entretenir des louvetiers, des taupiers, qui vous débarrassent des *fausses* bêtes, lesquelles, sans eux mettraient à sac vos pâturages et vos basses-cours? n'en trouvez-vous pas également pour encourager la destruction des reptiles venimeux? n'avez-vous pas des récompenses pour ceux qui exterminent, et au besoin des châtiments pour ceux qui laissent vivre les chenilles et les hannetons?

Et quoi! cette admirable discipline que vous avez si bien maintenue, ô Roi de la création, parmi toutes les créatures qui peuplent la partie solide de notre planète, cesserait d'être, et serait remplacée, à tout jamais, par la guerre, le pillage et l'anarchie, à l'endroit précis où la terre-ferme devient rivage : c'est-à-dire que sur les deux tiers de cette planète, déjà si petite, la nature sauvage, désordonnée, ne saurait être domptée, soumise, et résisterait à l'action civilisatrice de votre domination! Déposez alors sceptre et couronne, car vous cessez d'être le Roi de cette création; vous n'en êtes plus que le co-feudataire; abdiquez les deux tiers de votre pouvoir en faveur des animaux les plus imparfaits, les plus bêtes parmi les bêtes, les plus brutes parmi les brutes, et souffrez, sire, que la pompeuse qualification de votre souveraineté soit remplacée par la raison sociale: « l'Homme, Squale et Cie. »

Il doit être évident pour vous, mes amis, que si l'humanité,— dont la résignation et l'humilité ne sont pas précisément les qualités dominantes,— si l'humanité était un jour pénétrée de cette vérité : que depuis des centaines de siècles, elle abandonne niaisement à des animaux inférieurs l'empire des deux tiers de notre planète, tout en se laissant enlever par eux le plus clair de ses ressources alimentaires, elle se lèverait « comme un seul homme. » On courrait sus à tous ces pillards insatiables, et avant qu'il soit dix ans, pour acquérir la mâchoire d'un requin, ou la peau d'un chien-de-mer, le naturaliste devrait les payer au poids de l'or : certes, il serait le seul à s'en plaindre.

Aucune mesure ne saurait être négligée pour nous assurer la paisible possession de cet immense grenier d'abondance que l'on appelle l'Océan ; de même que nos pensées devraient être dirigées vers les moyens d'en multiplier les richesses et d'en régulariser les approvisionnements. Qu'une impulsion sérieuse et tant soit peu durable soit donnée à nos idées vers ce but, et votre fameuse « question d'argent » sera résolue à l'instant : car l'argent ne tardera pas à arriver : autant il est poltron lorsqu'on cherche à l'entraîner dans des entreprises isolées, autant il se montre téméraire et coureur d'aventures quand il se sent accompagné par l'opinion, ou tout simplement par la mode.

L'argent étant trouvé, le reste n'est plus rien : vous rencontrerez mille individus pour un, mille faiseurs de projets qui se chargeront de le dépenser : celui-ci imaginera un système ; celui-là inventera un appareil ; tous, — et c'est là le principal, — s'ingénieront à trouver du nouveau.

Sur ces mille individus (puissent-ils être dix mille !) il y en aura neuf cent cinquante qui ne feront rien qui vaille ; quarante-neuf dont les recherches amèneront quelques petits résultats utiles ; mais il en surgira certainement *un* — un Walton — et celui-là suffira, qui trouvera quelque chose de merveilleux.

Remarquez, s'il vous plaît, que nous avons d'autant plus le droit d'espérer ce « merveilleux, » qu'il ne s'agit plus que de l'application d'un principe, puisque ce principe est, fort heureusement, déjà trouvé : la découverte de Jacobi n'attend plus qu'un James Watt pour prendre son essor.

Appelons-le, aidons-le de tous nos efforts, car avec lui viendra « l'abondance, » c'est-à-dire le seul pouvoir qui soit capable d'alléger, pour tous, le fardeau si pesant des labeurs matériels ; l'abondance, qui soustraira nos filles aux fâcheuses pensées, nos pauvres petits enfants à la vie étiolante des manufactures : l'abondance, qui développe les instincts généreux. les sentiments élevés. de même que la disette, cette mauvaise conseillère, engendre l'égoïsme et les passions grossières ; l'abondance, enfin, qui brisera le joug écrasant qui courbe, sans trève ni répit. notre pensée vers la matière, et l'éloigne de Dieu.

— Patience! c'est lui qui nous conduit.

TABLE DES MATIÈRES

	Pages.
La boutique et la marchande	1
La morue	31
Le hareng, la sardine, l'anchois et le maquereau	71
La pêche côtière	109
La pêche côtière (suite)	137
Les poissons d'eau douce	165
Les crustacés et les mollusques	195
La pisciculture	221

Coulommiers. — Typ. de A. Moussin.

www.ingramcontent.com/pod-product-compliance
Ingram Content Group UK Ltd.
Pitfield, Milton Keynes, MK11 3LW, UK
UKHW021134260726
13994UKWH00001B/128